LA ORACION
de la
SERENIDAD

La oración de la serenidad es una reflexión acerca de la plegaria más difundida en el mundo que no procede de la Biblia, la cual desde hace muchos años ha servido de inspiración en los momentos de aflicción a millones de personas, especialmente entre los grupos anónimos de autoayuda.

A partir de la idea de que la paz y la fortaleza espiritual se fincan tanto en la fe como en el entendimiento de las cosas, el autor analiza a fondo, pero de manera accesible, los conceptos de serenidad, coraje y sabiduría, a fin de facilitarle el comprenderlos verdaderamente y motivarle a aplicarlos con convicción en su vida.

La oración es algo muy valioso. Conozca y haga suyo para siempre el maravilloso mensaje de consuelo y esperanza que *La oración de la serenidad* nos otorga.

WILLIAM V. PIETSCH

LA ORACION de la SERENIDAD

SELECTOR
actualidad editorial

SELECTOR
actualidad editorial

Doctor Erazo 120
Colonia Doctores
México 06720, D. F.

Tels. 588 72 72
Fax: 761 57 16

LA ORACIÓN DE LA SERENIDAD
The Serenity Prayer Book

Traducción: José Francisco Hernández
Portada: Blanca Cecilia Macedo

Décimo sexta reimpresión. Mayo de 1999.

Copyright © 1990 by William V. Pietsch
Publicado mediante acuerdo con Harper San Francisco,
    una división de HarperCollins Publishers, Inc.
D.R. © 1991, Selector, S.A. de C.V.

ISBN (inglés): 0–06–250682–X
ISBN (español): 968–403–610–8

Contenido

La oración de la serenidad

Cuando le conté a un amigo mío que yo estaba escribiendo un libro acerca de la Oración de la Serenidad, me contestó: "¿La Oración de la Serenidad? ¡La he rezado durante toda mi vida!"

Él no es el único. En los momentos de crisis, mucha gente recurre a esta oración en busca de fortaleza y discernimiento. En verdad, la Oración de la Serenidad es una de las plegarias más ampliamente difundidas de todos los tiempos. Impresa de muchas maneras, millones de copias circulan por todo el mundo.

En los últimos años, su popularidad ha aumentado y se utiliza especialmente en programas de recuperación del alcoholismo y otras adicciones. El grupo Alcohólicos Anónimos la ha incluido en su literatura y es muy común que la gente la lleve en su cartera, en un papel doblado entre las tarjetas de crédito y la licencia de manejar.

Pero, ¿por qué escribir un libro a propósito de estas palabras tan familiares? ¿Es que no son ya lo suficientemente claras y comprensibles?

Lo son. Pero a veces las cosas familiares son capaces de sorprendernos. Cierta frase que hemos escuchado una y otra vez puede, repentinamente, adquirir un profundo significado. "Yo pensé que sabía qué quiere decir la frase 'un día a la vez'. Ahora veo *realmente* lo que significa." Después, esas mismas palabras pueden revelar un contenido mucho más profundo.

Uno de los objetivos de este libro es ayudarlo a usted a ver lo ya conocido, con perspectivas nuevas y diferentes.

Las palabras familiares a veces pierden su significado. Tal vez a usted le haya pasado lo mismo que a mí con esta oración. En ocasiones, al rezarla, me limito a pronunciar las palabras de manera automática. Aunque parezca que estoy hablando con Dios, yo sé que esta repetición mecánica no es verdadera oración, porque mis sentimientos y mis pensamientos no están presentes en mis palabras. Es claro que pronunciar una plegaria no es lo mismo que orar.

Si uno de los valores de la oración es su poder para cambiar nuestras perspectivas, la simple recitación de las palabras no nos ayudará mucho a lograrlo. La mejor forma de aprovechar los beneficios de la comunicación con el Creador es pensar claramente en el sentido de cada palabra mientras la pronunciamos y participar de este significado.

El propósito del presente libro consiste en comprender con mayor profundidad la Oración de la Serenidad para que usted pueda experimentar más entereza, valor y sabiduría en su vida. Para facilitarle la comprensión de su significado, el libro se divide en capítulos que analizan las palabras y las frases en el orden en que están escritas:

1. *Dios*
2. *Dame*
3. *Serenidad*
4. *Para aceptar las cosas que no puedo cambiar*
5. *Valor*
6. *Para cambiar aquellas que sí puedo*
   y
7. *Sabiduría para conocer la diferencia*

Tal vez usted prefiera leer solo ciertas secciones o analizar los capítulos en un orden diferente; sin embargo, es importante considerar a la oración como un todo para comprender mejor su poder y penetración.

1
Dios

Dios, la primera palabra de la oración, provoca interrogantes en la mente de muchos, quizá en la mayoría de las personas.

En todo caso, si vamos a rezar esta oración, necesitamos entender de algún modo qué o quién es Dios.

Para algunos, comprender a Dios no entraña ningún problema: "¡Es obvio!" Para mí, y creo que para otros, la cuestión no es tan simple. De hecho, mientras más pienso acerca de Dios, más complejo se vuelve. Tal vez, lo que ocurre con algunos que aceptan confiar en Dios de modo tan espontáneo es que sencillamente cierran los ojos a ciertos aspectos de la vida que podrían comprometer sus creencias.

Una vez escuché a alguien decir: "Las personas religiosas no son muy inteligentes, y las personas inteligentes no son muy religiosas". La primera vez que oí esta afirmación me pareció muy atinada. Pero, de entonces a la fecha, he conocido a un creciente número de personas que no solo son religiosas, en el mejor sentido de la palabra, sino también muy inteligentes.

¿De qué manera creen ellos en Dios? O, para ser más específico, ¿cómo puedo yo, en mi calidad de persona inteligente, entender a Dios?

Lo que necesito es cierta clase de comprensión que no me obligue a negar algunas realidades que veo en el mundo que me rodea. Por ejemplo, conozco casos de sufrimiento e injusticia que no pueden resolverse con palabras tan simples como "Ten fe".

No es que yo quiera conocer todas las respuestas antes de entregar mi confianza. Yo creo en muchas cosas aunque tenga un conocimiento incompleto de ellas. Por ejemplo, cuando viajo en avión, confío en la habilidad del piloto a pesar de que no tengo información de él como persona. Pero mi fe en él no es irracional, porque no tengo razones para pensar algo que no sea lo mejor.

Sin embargo, algunas propuestas religiosas parecen estar en contradicción con lo que mi mente me dice que es la verdad. Cuando tengo que confrontar las declaraciones de las autoridades religiosas con lo que experimento en la vida, a veces no coinciden los dos puntos de vista. No importa cuánto se me insista en que *debo* creer en el concepto que otros tienen de Dios; si no tiene un sentido profundo para mí, no puedo aceptarlo. El único Dios con el que puedo relacionarme es aquel en el cual creo porque es consistente con mis pensamientos.

Por ejemplo, me resulta difícil aceptar sin dudar el concepto de que Dios es omnipotente y amoroso. Cuando lo escuché por primera vez, la idea me provocó algunos problemas. Si Dios es tan amante y poderoso, ¿por qué hay tantas tragedias en el mundo? Tal vez Dios es amoroso pero no tiene poder, o es poderoso pero no ama. No entendía cómo Él podía ser ambas cosas.

Sin embargo, hay gente, personas inteligentes, que, aun habiendo experimentado un profundo sufrimiento personal, todavía sustentan la idea de Dios como un ser *omnipotente* y *amoroso*.

Evidentemente, es posible que existan diferentes maneras de percibir a Dios. Pero lo que yo necesito es una definición lo suficientemente amplia para no verme obligado a descartarla al enfrentar los hechos del mundo que me rodea.

Algunas descripciones de Dios son tan limitadas que, cuando trato de adecuarlas a mi experiencia personal, siento una gran desilusión.

En el libro *The Color Purple* (El color púrpura), la escritora Alice Walker utiliza las siguientes palabras para describir los sentimientos de uno de sus personajes, una mujer negra: "Cuando llegué a la conclusión de que Dios era blanco, y hombre, perdí el interés". Este comentario ejemplifica algo que vale para la mayoría de nosotros: *Lo que pensamos acerca de Dios afecta esencialmente la manera en que nos relacionamos con él.*

El 6 de agosto de 1961, el cosmonauta ruso Gherman Titov inició la primera jornada extensa por el espacio, dando más de 17 vueltas a la órbita de la Tierra. Al pasar por encima de Japón, su radio captó un mensaje cuyo destino evidente era él.

"Hablaban un ruso muy malo", dijo él después, cuando contó el incidente con una sonrisa, "pero me di cuenta de que se dirigían a mí. Allá abajo, en la Tierra, hablaban acerca de Dios, ángeles y paraíso. Yo eché una mirada al exterior por una escotilla, y pensé que si había un Dios ahí, yo no podía verlo".

Las ideas de las generaciones pasadas, que concebían a Dios como una figura humana por encima de los cielos, ya no tiene sentido para la mayoría de la gente. Las investigaciones científicas en campos como la astronomía y la psicología han modificado radicalmente la forma en que percibimos el mundo y a nosotros mismos. Este cambio de perspectiva ha influido inevitablemente en nuestras ideas acerca de Dios y, por tanto, en nuestra relación con Él.

Alguien dijo una vez que la superstición no es otra cosa que "dar un significado religioso a nuestra ignorancia". Es decir, que muchas ideas acerca de Dios tienen su origen en la ignorancia. No obstante, también es verdad que algunas personas han dedicado una gran cantidad de tiempo a meditar sobre lo que significa relacionarse con Dios. La teología —de *theos*, la palabra griega que significa Dios— se considera la ciencia de Dios. La finalidad central de esta disciplina, tanto en la antigüedad como en el mundo actual, es definir la naturaleza de Dios.

Para algunas personas, sin embargo, este tipo de estudios suscitan otras interrogantes.

El teólogo C.S. Lewis narra una anécdota acerca de

algo que ocurrió mientras daba una conferencia sobre su percepción de Dios. Un miembro de la audiencia se levantó y dijo: "Yo no creo en todas esas tonterías. Pero, mire usted, yo también soy un hombre religioso. *Sé* que hay un Dios. He *sentido* el tremendo misterio en la soledad de una noche desértica. Por eso no creo en todos sus primorosos dogmas y fórmulas acerca de Dios. Para los que conocen la cosa real, todo lo demás les parece pedante, irreal y despreciable".

Lewis contesto que estaba de acuerdo con ese hombre. Existe una diferencia, dijo, entre experimentar a Dios y decir algo de Dios. Hablar de Dios es desviar la atención de algo real hacia algo menos real; como ver el Atlántico desde la playa y luego observar un mapa del Atlántico. Esto es, trasladarse del oleaje real al papel coloreado. Sin embargo, el mapa se basa en las investigaciones que cientos y miles de personas han realizado acerca del océano. "Detrás del mapa hay multitud de experiencias tan reales como la que usted pudo tener desde la playa; la diferencia es que la suya es una observación aislada, mientras que el mapa reúne todas las experiencias aisladas… Las doctrinas no son Dios: solo una especie de mapa", explicó el teólogo.

El autor de la Oración de la Serenidad es alguien que no solo ha estudiado los conceptos de otros acerca de Dios, sino también ha apelado a su propia experiencia para asociarla con su aprendizaje. Para entender la oración, sería muy útil conocer algo acerca de la persona que la escribió y saber de qué manera creía en Dios, de acuerdo con su experiencia y sus indagaciones.

Reinhold Niebuhr es considerado el autor de la oración, aunque él pudo haberla tomado de fuentes anteriores. Estudió en la facultad teológica de Nueva York durante muchos años, y ocasionalmente predicaba en una pequeña iglesia situada en las cercanías de su casa de campo, en Heath, Massachusetts. Después de que Niebuhr utilizó la oración en un servicio religioso en 1934, Harold Chandler Robbins, un compañero de veraneo, le solicitó una copia. Niebuhr le entregó el original y le dijo más o menos las siguientes palabras: "Aquí tienes la oración; ya no voy a necesitarla".

Esta era la versión original:

Oh Dios, danos
    serenidad para aceptar lo que no puede ser cambiado,
    valor para cambiar lo que debería ser cambiado
    y sabiduría para distinguir entre ambas cosas.

Robbins, el vecino, la imprimió en un folleto al año siguiente. Más tarde se publicó en los periódicos y se incluyó en la literatura de Alcohólicos Anónimos y otros grupos.

Uno de los valores de la oración es la manera en que enriquece nuestra comprensión de Dios. Cada frase nos dice algo acerca de la naturaleza de Dios y de lo que significa tener una relación con un Poder Superior.

El enfoque de Niebuhr para comprender a Dios es útil porque no está basado en conceptos vagos y abstractos, sino en la *experiencia* humana de Dios en el mundo concreto en que vivimos.

En el núcleo de la fe de Niebuhr se encuentra la convicción de que la forma en que percibimos a Dios afecta directamente la percepción que tenemos de nosotros mismos y de nuestros actos en la vida.

Es usual encontrarse con gente que realiza cambios importantes a causa de su fe en Dios. A veces se trata de decisiones morales provocadas por temor al castigo divino y, en otras, en respuesta a lo que ellos perciben como el amor de Dios. Algunos piensan que el terrorismo es el cumplimiento de la voluntad de Dios y buscan una recompensa celestial en el martirio. Una persona puede reunir el valor necesario para defender una causa impopular, si cree que ésa es la voluntad de Dios. Las acciones, tanto positivas como negativas, pueden tener su fundamento en la forma en que la gente percibe a Dios.

Algunas personas, sin embargo, piensan que su fe en Dios tiene poco o ningún efecto en sus actos. Se consideran neutrales.

Una opinión generalizada es que la gente cree o no cree en Dios. En realidad no es tan simple. Cuando se utiliza la palabra Dios, todo aquel que la lee —o escucha— resulta afectado de algún modo. Nadie puede ser completamente neutral. Siempre habrá alguna reacción, según lo que la palabra signifique para cada persona.

Alguien podría experimentar asombro; otros, paz; para algunos puede significar ira, temor, gratitud, etcétera. Una vez que Dios es nombrado, siempre ocurre algún tipo de reacción.

La calidad o carácter de la reacción está determinada por nuestra definición de Dios. Aun si lo definimos como "no existente". Por ejemplo, un niño con un padre ausente nunca es completamente neutral a la situación. Si los demás niños tienen padres y usted no, de cualquier manera la palabra "padre" tiene un significado para usted. Decir "no me importa en absoluto", suena muy poco convincente. Desde un punto de vista emocional, la situación tiene un efecto sobre usted, así sea vago o inconsciente. La gente que dice que creer en Dios no tiene la menor importancia vive, a menudo, con una sensación de incertidumbre.

Es imposible rechazar algo deliberadamente si no se define lo que se rechaza. La pregunta no es: "¿*Tiene* Dios algún significado para mí?", sino: "¿Qué clase de significado tiene?"

Algunas definiciones de Dios son mejores que otras. Al menos, son más claras y más aceptables que las demás; coinciden más ampliamente con lo que en nuestro interior consideramos verdadero.

Para desarrollar una relacion de confianza con Dios se necesita un compromiso de nuestra parte, una disposición a examinar con seriedad el significado que Dios tiene para nosotros.

Una de las mayores contribuciones de Reinhold Niebuhr fue su desafío a las rígidas posiciones que mantenía la gente acerca de la religión. Él criticaba en especial a los miembros de la iglesia que se mostraban piadosamente optimistas a propósito de su propia bondad moral. Una vez lo manifestó de este modo: "Si hubiera una orgía en algún lugar, apostaría diez contra uno a que ningún miembro de la iglesia estaría ahí. Pero si hubiera un linchamiento, apostaría diez contra uno a que algún miembro de la iglesia participaría en él".

Una y otra vez, Niebuhr desafió la supuesta rectitud moral de aquellos que se escudaban tras el nombre de Dios para justificar arrogantemente sus actos.

Por otra parte, algunas personas evitan todo contacto con la religión a causa de sus ideas infantiles acerca de Dios, conceptos que la gente sensata abandonó hace ya mucho tiempo. Una tendencia muy extendida en nuestros días es suponer, en nombre de la tolerancia, que todos los credos tienen el mismo valor, y que el afirmar que una visión de la vida es mejor que otra es señal de prejuicio.

Prejuicio significa "pre-juzgar", saltar a las conclusiones antes de analizar las premisas. Ser tolerantes no quiere decir que debamos creer que todas las afirmaciones acerca de algo tienen el mismo valor o sean igualmente verdaderas. Respetar a una persona no es lo mismo que estar de acuerdo con sus opiniones, sin importar cuáles sean éstas.

Si en verdad queremos saber quién es Dios y quiénes somos nosotros, necesitamos, en primer lugar, estar dispuestos a averiguar, sin pre-juicios, lo que las personas más avezadas en el tema dicen acerca de su relación con Dios.

En la Oración de la Serenidad, Niebuhr manifiesta sus pensamientos y sentimientos acerca de Dios, los cuales formaron parte de su vida y de su trabajo durante muchos años. Aunque la oración original solo contiene veintisiete palabras, y la versión actual aún menos, es importante observar que la perspectiva presente en la oración no es casual: se formó a lo largo de muchos años de experiencias y meditación.

Aun si el punto de vista de Niebuhr no coincide exactamente con el nuestro, nos resulta útil para ponernos en su lugar y ver el mundo desde su propia perspectiva. No importa si un concepto es similar u opuesto al nuestro, lo que importa es que compartir otra experiencia, otra fuente de inspiración, otra esperanza, nos ayuda a ver nuestra percepción con mayor claridad.

Cada uno de los siguientes capítulos amplía lo que aquí se ha dicho acerca de Dios. Al analizar el resto de las palabras y las frases de la Oración de la Serenidad, le será muy útil volver a revisar su experiencia y sus ideas acerca de lo que constituye la base de su fe, y seguir preguntándose: "¿Cómo se concilia el contenido de esta oración con la comprensión que tengo de Dios y de mí mismo?"

2
Dame

La palabra *dame* manifiesta una manera muy específica de entender a Dios. Indica que, de algún modo, Dios es capaz de darnos algo. Este concepto contradice la idea panteísta de que Dios es "todas las cosas" y que todas las cosas, incluido el género humano, son Dios. Por el contrario, *dame* nos dice que Dios es "Otro", un Ser con el que podemos entrar en relación y al cual podemos hacer peticiones.

Pero, ¿qué *podemos* recibir de Dios si se lo pedimos?

Una de las principales razones que la gente esgrime para no creer en Dios es la decepción que sufren con lo que reciben o no reciben a cambio de sus oraciones. Recuerdo lo que alguien me dijo una vez, un poco en broma, acerca de la falta de respuesta que él sentía al orar: "¿Acaso no podría Dios, si estuviera ahí, hacer *algo*? ¿Al menos decir 'hola'? Lo único que obtengo es el silencio".

Bien, ¿qué nos da Dios cuando oramos? La Oración de la Serenidad nos dice que lo que recibimos es algo *interior*: paz, valor, sabiduría.

Un problema más grave ocurre cuando creemos, en forma errónea, que la oración equivale al trabajo y al pensamiento. A veces esperamos que la oración resuelva lo que solo tiene solución por medio de la acción o del pensamiento.

Lo mejor es aclarar para qué sirve y para qué no sirve la oración. En general, no deberíamos esperar que Dios haga por nosotros aquellas cosas que obviamente no están relacionadas con los propósitos de la oración. Por ejemplo, cuando se desinfla una llanta del auto, no esperaremos resolver el problema por medio del poder de la oración; es necesario ponernos a trabajar. Igualmente, nos servimos del pensamiento, no de la oración, para resolver una operación matemática. Sin embargo, aun cuando estos ejemplos tan simplistas sean obvios, a veces puede ocurrir que nos decepcionemos cuando Dios no resuelve, milagrosamente, problemas que requieren el pensamiento o el trabajo para ser realizados.

Aunque a veces las áreas de trabajo, pensamiento y oración pueden aparecer estrechamente interrelacionadas, es menos probable que suframos una decepción si somos capaces de separar estas tres funciones, al menos a nivel mental.

La oración es básicamente una manera de transformar nuestras experiencias interiores. Tiene que ver con la paz interior, fortaleza y discernimiento, tanto para nuestro beneficio como para el de los demás.

Sin embargo, la pregunta sigue en pie: "¿A qué o a quién dirigimos nuestras oraciones?"

Una vez le pregunté a un sacerdote cómo definía a Dios. Su respuesta fue: "El sentimiento de una Presencia". Aunque no puedo negar que esa respuesta es una posibilidad, no me resulta particularmente útil ni parece completa.

Años más tarde conocí otra definición en la que Dios no era simplemente "una Presencia", sino una Presencia Poderosa.

Una vez más, aunque tal definición no decía todo, la idea del Dios poderoso coincidía con algo que era verdadero en la vida de algunas personas: gente que había sufrido transformaciones muy positivas. La causa de estos cambios, según ellos mismos, era el "Poder Superior", una Presencia Poderosa que estaba al alcance de todos aquellos que necesitaran fortaleza y discernimiento.

¿Acaso estas personas se engañaban a sí mismas? ¿Tenían fe solo porque eso era más fácil que enfrentarse a la realidad?

Como psicoterapeuta, cuyo trabajo consiste en ayudar a la gente a conseguir o restaurar la salud emocional, solía preguntarme: "¿Qué tan saludables son las personas que invocan un Poder Superior para que dé significado a sus vidas?" Yo pensaba que tales personas tenderían a volverse cada vez más débiles y dependientes, pero me encontré con lo contrario. Gracias a esa actitud, todos ellos habían alcanzado una nueva fortaleza y se sentían más maduros.

¿Pero qué define a la madurez psicológica? Para mí, la primera característica es *la aptitud para enfrentarse a la realidad*, la ausencia de temor para encarar las dificultades de la vida: la posibilidad de perder el trabajo, la muerte de un amigo cercano y todo tipo de circunstancias desagradables. Cuando tenemos dificultades personales, nuestro primer impulso es la negación. Psicológicamente, este es un mecanismo protector que nos mantiene a salvo del sufrimiento. Sin embargo, la persona que es psicológicamente saludable, en vez de vivir en un estado permanente de negación, se enfrenta con la realidad y sigue adelante. En lugar de escapar a un mundo imaginario, la persona saludable rechaza la negación y toma conciencia de las cosas.

La segunda característica, según mi opinión, es *la capacidad para relacionarse con los demás*. Esto significa mucho más que limitarse a complacer a la gente. Tiene que ver con sentimientos de benevolencia hacia los otros. La persona saludable no se siente permanentemente enojada con todo mundo. Gracias a que conoce sus propios defectos y los acepta, no se molesta con los defectos de los demás. Y como se conoce mejor, está más dispuesta a reparar los daños que hace a otros, por muy difícil que le resulte.

La tercera característica ya ha sido mencionada. Es *el deseo de ser honestos con nosotros mismos*. Uno de los problemas más graves y comunes en la gente es lo que la psicología llama la racionalización; es decir, utilizar los razonamientos para negar ciertos hechos de la vida. Aunque algunas personas se han servido de la religión para racionalizar las cosas, otras han encontrado en su relación con el Poder Superior un medio para tomar conciencia del mundo y de la función que les corresponde en la vida.

Entre quienes han sido tocados por esta Presencia Poderosa, yo me he sentido particularmente impresionado por aquellos que han iniciado una nueva vida después de haber sido considerados alcohólicos o drogadictos sin esperanza de recuperación. Muchos que estaban desperdiciando sus energías encontraron en su relación con Dios una senda que los llevó a adquirir un mejor estilo de vida.

Las personas psicológicamente más saludables son aquellas que han participado activamente en programas espirituales para recuperarse de alguna adicción. Quienes siguieron estos programas durante varios años parecían tener una calidad especial de vida que les permitía enfrentar los problemas y ser honestos consigo mismos.

Este programa de recuperación, que incluye doce pasos, se inició hace más o menos cincuenta años y estaba dirigido, originalmente, a los adictos al alcohol. Bajo el nombre de Alcohólicos Anónimos, se ha convertido hoy día en el método más efectivo para recuperarse del alcoholismo. A causa de su tremendo éxito, sirvió de modelo para otros programas que intentan curar la adicción al juego, la cocaína e incluso a la comida.

Tal vez los resultados que más me sorprendieron del programa fueron los cambios en las vidas de quienes lo siguieron. Estos cambios comenzaron a producirse cuando los individuos estaban sumidos en la desesperación y sus vidas eran incontrolables. Había personas de talento, brillantes incluso, que a pesar de todos sus esfuerzos no habían podido superar sus problemas. Algunos habían perdido a sus amigos o su familia; otros, la salud, el dinero y el trabajo. Hubo desafortunados que arrojaron por la borda todas estas cosas. Algunos se habían hundido más que otros, pero todos tenían en común la experiencia de haber sentido que ya no había esperanza para ellos.

¿Cómo se produjeron estos cambios?

La respuesta es que ocurrieron esencialmente gracias a un *Poder más allá de ellos mismos*.

A menudo se supone que la confianza en uno mismo es la base para progresar en la vida, pero yo, como terapeuta, he observado que la gente más saludable, desde el punto de vista psicológico, es un ejemplo que demuestra lo contrario. Ellos han encontrado una nueva vida no porque tengan más confianza en sus cualidades, *sino porque tienen poca fe en sí mismos y mucha fe en un Poder superior a ellos*.

Mis inquietudes aumentaban a medida que los observaba. Lo que más me impresionó fue la profundidad espiritual y una facilidad de vivir que es muy raro encontrar. Ellos parecían ejemplificar lo que significa ser humano, en el mejor sentido de la palabra.

En un libro sobre la historia de Alcohólicos Anónimos, Ernest Kurtz señala que tal calidad humana proviene de un profundo conocimiento que, para muchos, es ajeno al pensamiento occidental: *"Ser humano* significa, en primer lugar, *no ser Dios*, no ser omnipotente ni totalmente autónomo".

El libro básico del programa de Alcohólicos Anónimos
lo manifiesta en pocas palabras: "Antes que nada, tenemos que dejar de jugar a ser Dios".

Aquí hay un reconocimiento implícito, fuertemente
arraigado en la evidencia empírica, de que un Poder
Superior al género humano puede transformar la vida de
la gente de manera profunda y positiva.

Algunos podrían dudar de que este supuesto estilo de
vida espiritual implique alguna diferencia práctica. Sin
embargo, de lo que no se puede dudar es de los *resultados*.
Aquellos que habían vivido en forma realmente desas-
trosa no solo se recuperaron de la adicción, sino adqui-
rieron una profunda madurez y una comprensión de la
vida más intensa que la mayoría de la gente que conozco.

Dame es una palabra que, a pesar de su simplicidad,
manifiesta una profunda visión de la vida, una perspectiva que ha sido llamada "el comienzo de la sabiduría".
Esta palabra reconoce que el ser humano no es el centro
del universo. Existe "Otro". Como alguien lo dijo una vez,
la implicación práctica de creer en un Poder Superior es:
"Yo no soy *ello*".

En respuesta a las dificultades que alguien tenía para
creer en Dios, en cierta ocasión un miembro de AA dijo:
"No tienes que creer que Dios es parte del programa. Todo
lo que tienes que creer es que *tú no eres Dios*".

En esencia, éste parece ser el punto crítico que lleva a
una nueva vida plena de madurez.

Los seres humanos parecemos vivir entre dos extre-
mos igualmente peligrosos: la desesperación y la arrogancia. Si no creemos en un Poder por encima de noso-

27

tros, podemos caer en la desesperación y sentir que todo depende, en última instancia, de nosotros; pero nadie puede arreglárselas por sí solo.

Por otra parte, podemos caer en la arrogancia, una actitud que odiamos en los demás, pero que rara vez notamos en nosotros mismos. Cuando algo nos molesta, es muy fácil criticar a otros; a veces, nos servimos de la religión para justificar nuestras críticas. Pero si somos honestos y reconocemos la voluntad de Dios, podemos volver a la realidad y a sentirnos humildes.

La relación con el Poder Superior nos obliga a dar lo mejor de nosotros. Una de las razones que más me convence de la existencia de Dios en mi vida es que me siento obligado a hacer cosas que no haría si no fuera porque son esenciales para mi bien supremo y representan la realización verdadera de mi yo.

Sin embargo, si hay un Poder Superior que cuida de nosotros, ¿por qué es necesario que le *pidamos* cosas? ¿Acaso es Dios tan renuente a dar que debemos suplicarle que nos otorgue aquello que es para nuestro bien?

La palabra *dame* no significa que debemos convencer a Dios de que nos dé, sino, más bien, convencernos nosotros mismos de que podemos recibir.

Una de las mayores frustraciones que sienten los familiares y amigos de un adicto se debe a la persistencia de éste a negar que el problema exista: "¡Es ridículo! ¡Esto no me causa ningún problema! ¡Puedo dejarlo cuando quiera!" No importa cuánto se esfuercen en ayudarle; si la persona no se da cuenta de que necesita ayuda, no se puede hacer gran cosa.

El principio del cambio ocurre, sin embargo, en el momento en que la palabra *ayúdame* se pronuncia con sinceridad. La actitud que se manifiesta en esta palabra representa el punto de retorno hacia la recuperación.

La palabra *dame* propicia una actitud en nuestro interior que nos predispone para recibir lo que pedimos.

3
Serenidad

El joven que estaba en mi oficina se quitó los lentes y se frotó los ojos, primero con la manga y luego con la mano. Me miró. Él y yo habíamos hablado muchas veces acerca de Sue. Ahora su relación con ella había terminado. Antes, se sentía atemorizado de que eso pudiera ocurrir. La primera vez que vino a mi oficina, hace varios meses, estaba muy preocupado por el caso. Recuerdo la desesperación que mostraban sus ojos aquella vez, lo que me hizo temer que pensara en el suicidio.

Ahora su conducta era diferente. Parecía triste, sí, pero no desesperado. Su rostro mostraba una tranquilidad interior que no tenía aquella vez. Yo sabía que ahora estaba preparado para enfrentarse a su dolorosa situación y, eventualmente, superarla.

Durante años, Jim había sido un muy fuerte adicto a una amplia variedad de drogas. Consumía una gran cantidad de alcohol y mariguana y se la pasaba, según sus propias palabras, "borracho todo el día y todos los días". Pero ahora era diferente. Gracias al programa de los Doce Pasos, desde hacía varios meses se había alejado de todas las drogas y estaba sobrio.

Aunque en apariencia todavía se encontraba en dificultades, su visión de la vida se había transformado. No solo era por haber abandonado las drogas, sino porque también su vida había experimentado profundos cambios interiores. Ahora se enfrentaba a los problemas sin la angustiosa ansiedad de antes.

Aquí, lo importante es señalar en *qué* se diferenciaba actualmente la vida de Jim. A estas alturas, las circunstancias externas no habían cambiado mucho; su situación era todavía muy dolorosa. La diferencia era lo que le había ocurrido en su interior. Poseía una fortaleza jamás conocida antes, y los sentimientos de desesperación se habían esfumado.

Algunas semanas más tarde, en otra sesión, su transformación interna se hizo más evidente cuando dijo: "¡Hasta ahora me doy cuenta de que tengo uñas!" Al notar mi sorpresa, prosiguió: "Antes me las mordía todo el tiempo. ¡Ahora ya no!"

Para él, y para mí, eso era un signo de cuán profundamente había cambiado su vida. Él ni siquiera había *intentado* parar de morderse las uñas, simplemente dejó de hacerlo. Algo había cambiado en su interior y se sentía sorprendido de la honda serenidad que experimentaba.

Esta paz no significa necesariamente que las cosas hayan cambiado. *La serenidad consiste en una paz interior que permanece imperturbable a pesar de las dificultades.*

Es importante observar que Jim alcanzó la serenidad sin dar la espalda a sus problemas. La paz que sentía estaba arraigada profundamente en su interior, no era el tipo de cura rápida que da la impresión de serenidad. La falsa serenidad se esfuma con rapidez y necesita renovarse constantemente porque se basa en la negación de la realidad. La negación proporciona serenidad porque evita que percibamos las condiciones externas y nos hace creer que las dificultades no existen.

En la actualidad, una de las vías de escape, o negación, más comunes es la ingestión del alcohol o las drogas, que ayudan a creer que los problemas no son reales. Negarse a reconocer las dificultades brinda cierta clase de serenidad, pero los problemas no se van; vuelven una y otra vez, y con ellos la necesidad de repetir la conducta de evasión. Cuando este patrón de comportamiento se repite constantemente, uno se vuelve adicto a él.

En general, tendemos a pensar que la palabra adicción solo implica abuso de drogas, pero una definición más amplia también incluye otros métodos de evasión. El teólogo y predicador John Bradshaw ha señalado que adicción es todo aquel trastorno de conducta que tenga *consecuencias dañinas para la vida.* Lo cual incluye no solo las sustancias químicas, sino también la relación con los demás, el sexo e incluso la religión, en el caso de que su práctica dañe a los demás o a nosotros mismos. No importa el método que se utilice, si uno elige deliberadamente conducirse de manera irresponsable, se daña a sí mismo y a la gente que lo rodea.

Recuerdo que hace algunos años visité a un amigo que trabajaba en la universidad. En una de las paredes de su oficina estaba colgada una hermosa artesanía de madera con la siguiente inscripción en letras doradas:

> Si todos corren de un lado a otro, llorando y retorciéndose las manos, y tú permaneces tranquilo e indiferente, es que *no entiendes lo que pasa*.

Si uno está inconsciente de una situación determinada, *puede* proyectar un sentimiento que algunos confundirían con la serenidad. Sin embargo, el problema es que se trata de una serenidad personal esencialmente destructiva.

El adicto a la religión, a los juegos de azar o a las drogas puede sentirse muy bien en su interior porque no percibe en absoluto el profundo daño que hace a los demás. El adicto, en lugar de reconocer que sus acciones destruyen la serenidad de otros, tiende a ocultar su adicción, sin darse cuenta de que su secreto es conocido por todos.

Esta serenidad personal, que impide tomar conciencia de lo que pasa "en el exterior", termina por afectar a los seres más cercanos. La gente "de afuera" reacciona con frustración ante la conducta del adicto, lo cual hace tan desagradable la vida de éste, que necesita evadirse más para volver a sentirse bien; así se crea un círculo vicioso que incrementa la frustración de todos.

Como veremos en los capítulos siguientes, la verdadera serenidad no es producto de la evasión de la realidad; solo se alcanza cuando uno *ve y acepta el mundo tal como es, y tiene la sabiduría y el valor de cambiarlo.*

Pero todo lo que se diga de la serenidad será incompleto si no se habla un poco acerca de la conciencia, ese aparente perturbador de la serenidad.

Es verdad que la tranquilidad puede resultar afectada por acontecimientos externos, pero a veces experimentamos un dolor aun más profundo que viene de nuestro interior, una incomodidad que nos acompaña a lo largo de todo el día y perturba nuestros sueños. ¿Cuál es la relación entre la conciencia y la serenidad?

Con gran sorpresa, observamos que pocos libros de psicología hablan de la dinámica de la conciencia, la cual constituye un aspecto básico de la naturaleza humana. Algunos consideran que la conciencia es el resultado de una actitud moralista inculcada por los padres. Otros piensan que la conciencia es la voz de Dios en nuestro interior. En realidad, es un mecanismo psicológico que sirve para medir en qué punto estamos colocados en relación a lo que consideramos correcto.

Es importante observar que la conciencia no nos ofrece un modelo absoluto de lo que es correcto. Más bien nos indica cuánto nos hemos apartado de aquello que *juzgamos* correcto, de nuestro propio modelo del bien y el mal.

La conciencia tiene su origen en el conocimiento individual y la experiencia de cada persona.

En *Huckleberry Finn*, la obra de Mark Twain, el muchacho, Huck, va a la deriva río abajo sobre una balsa en compañía de Jim, un esclavo. A Huck le remuerde la con-

ciencia porque lo está ayudando a escapar. Harriet Tub-
man, una mujer que vivió en la época en que se escribió
esa historia, reaccionó con una conciencia totalmente
opuesta. Ella misma era una esclava fugitiva, y contribuyó
a la liberación de cientos de esclavos.

La razón que explica estas posturas tan diferentes
entre sí es que la conciencia reacciona de modo individual, de acuerdo a los pensamientos y las experiencias
que cada persona ha vivido. *La conciencia cambia en la medida*
en que conocemos mejor el mundo y a nosotros mismos. Si la mente
tiene más información, la conciencia funciona con una
mayor cantidad de datos; por eso reacciona de manera
diferente cuando aumenta nuestro conocimiento.

Hay un dicho en la industria de la computación: "Si le
das basura, te devuelve basura". Eso significa que, si
alimentas a una computadora con datos equivocados, te
devolverá información equivocada. La conciencia funciona casi del mismo modo. Si crecimos en un ambiente
familiar problemático, nuestra conciencia puede elabo-
rar datos limitados y confusos.

¿Quiere decir entonces que la conciencia no es confiable, que no deberíamos escuchar la voz de la conciencia?

Significa todo lo contrario. La conciencia es un instrumento interno muy sensitivo que mide, basada en la
información que poseemos, qué tan cerca nos encontramos de aquello que consideramos los valores supremos.
Al apartarnos de ellos, nuestro sufrimiento aumenta; y
disminuye cuando nos comportamos de acuerdo con lo
que dictan esos valores. La vergüenza, en contraste con la

conciencia, puede funcionar como un rechazo del yo cuando sentimos que los demás nos culpan de apartarnos del modelo de autoestima aceptado.

No siempre es fácil separar la vergüenza, que es el eco de los errores cometidos en el pasado, de la conciencia, que es la voz interior del yo. A veces se hace necesaria la participación de amistades perceptivas o la ayuda profesional.

Sin embargo, la conciencia en sí misma es muy confiable. Aunque es probable que no pueda brindarnos siempre la respuesta más adecuada, nos da la mejor disponible de acuerdo con nuestro criterio y experiencia.

Aunque a primera vista parezca que librarse de la conciencia es el camino de obtener la paz interior, en realidad *la conciencia es la senda interior que más nos acerca a la verdadera serenidad.*

4

Para aceptar las cosas que no puedo cambiar

P ara hablar de la forma en que Dios responde a la oración, es útil considerar una definición de Dios congruente con el punto de vista del autor de la oración: el concepto de Dios como *Creador*.

Esta visión de Dios contrasta con la de los panteístas, que tienen la idea de que Dios es todas las cosas existentes. Percibirlo como Creador da un énfasis diferente a la divinidad y nos ayuda a encontrar un sentido a los problemas que afligen al mundo.

Ver a Dios como Creador es verlo no *como* todas las cosas, sino *en* todas las cosas. Un pintor puede poner mucho de sí mismo en una pintura, pero él no es la pintura. El concepto que considera a Dios como Creador de los cielos y la Tierra no implica que Él sea simplemente esas cosas, sino "Otro".

Aunque este punto de vista pudiera parecer como una discusión teológica bizantina acerca de cuántos ángeles caben en la cabeza de una aguja, si analizamos seriamente el concepto de Dios como Creador, muchas cosas que antes eran confusas ahora encajan en su lugar. Este punto de vista da sentido al mundo y nos ayuda a percibirnos con más claridad como seres humanos.

Tomar en serio la idea de que Dios es el Creador es al mismo tiempo útil e inquietante. Es útil porque explica algunas nociones de Dios que antes nos parecían equivocadas; y es inquietante porque implica que Dios es un ser limitado.

La creación humana pone límites en los objetos que crea. Al construir un mueble, una mesa por ejemplo, lo hacemos de cierta longitud, amplitud y altura. No puede tener medidas infinitas. Decimos: no pasa de *aquí*, y hasta *aquí* llega. Crear es establecer límites.

Para crear una pintura o una pieza musical es necesario aplicar pintura aquí, pero no allí; utilizar esta nota de música y no otra. Para realizar nuestros propósitos ponemos límites a lo que hacemos, ésa es la naturaleza de la creación.

Entender a Dios como Creador significa convencerse de que Él también pone límites a su creación, *y los límites que Dios establece también limitan a Dios.*

A veces, para sentirse bien, la gente se pone a imaginar lo que Dios es capaz de hacer: "Dios puede hacerlo todo". Pero, si lo definimos como Creador, tenemos que reconocer que es limitado. Crear "esto" y hacer que sea "no esto" a la vez, es una contradicción de términos.

40

Según este punto de vista, Dios, al crear, establece ciertos límites necesarios para nuestro propio bien, lo cual también puede causarnos, y nos causa, grandes dificultades.

Por ejemplo, una de las mayores causas de sufrimiento del ser humano es *la creación de las leyes de la naturaleza*. La madera arde, ya sea en una chimenea o en las paredes de una casa. Ésa es la naturaleza de la madera. Podemos estar seguros de ello. El agua, como sustancia, no se transforma repentina e inesperadamente en ácido sulfúrico; sigue leyes infalibles y predecibles. Si nos acercamos a un precipicio y caemos, podemos estar seguros de que la gravedad nos empujará hacia abajo. Si no aprendemos a adaptarnos a estas contundentes leyes de la naturaleza, podríamos meternos en serios aprietos o de plano atentar contra nuestra vida y, a veces, exponer al peligro incluso a los demás.

Sin embargo, si no existieran estas confiables leyes de la naturaleza, nuestro mundo no tendría ningún orden. A pesar de las dificultades y el sufrimiento que resultan de tales leyes, es muy útil vivir en un mundo esencialmente confiable. La respuesta a muchos de nuestros problemas no consiste en escapar del orden, sino en aprender a aceptar lo que nos ha sido dado para nuestro bien y adaptarnos a las reglas del juego.

Carl Jung, el gran psicoanalista, afirmó una vez: "La neurosis es siempre un sustituto del sufrimiento legítimo". Lo que él quiso decir es que la neurosis —la enfermedad mental y emocional más común— surge cuando no estamos dispuestos a enfrentar el sufrimiento legítimo, el cual proviene de la naturaleza de la creación.

El sufrimiento legítimo ocurre por causa del orden necesario de las cosas. Los seres humanos también creamos un orden que nos hace la vida más fácil. Por ejemplo, las luces del semáforo que dirigen el tráfico. Es obvio que el semáforo hace la vida más fácil y segura, pero también es cierto que a veces provoca frustraciones tanto entre los conductores como entre los peatones. Mas, con todo lo fastidioso que resulta, es una forma de sufrimiento legítimo; necesario a causa del orden de las cosas.

Una vez, alguien dijo que un modelo de oración universal (aceptable para la gente de muchos credos diferentes) sería: "Dios, por favor, altera todas las leyes del universo para mi propio beneficio".

Reconocer que el orden también implica dificultades es una señal de salud. Las personas emocionalmente saludables no se pasan el tiempo negando la realidad del sufrimiento legítimo.

¿Pero acaso todo sufrimiento es legítimo? Muchas injusticias ocurren en el mundo a personas inocentes.

Aunque nadie tiene respuestas convincentes a las interrogantes del sufrimiento, hay dos factores que parece necesario tomar en cuenta al enfrentarse a estas complejas y difíciles cuestiones.

Uno de estos factores es que los seres humanos *estamos interconectados*, esto es, nos juntamos para vivir.

Si alguien no se adapta a las leyes de la naturaleza, no solo puede provocarse un daño a sí mismo, sino también a otras personas. Las guerras y las discusiones podrían reducirse drásticamente si nos convirtiéramos en ermitaños. Pero la interrelación de los seres humanos es un aspecto de la vida que casi nadie estaría dispuesto a desechar.

Otra causa del sufrimiento tiene su origen en *la capacidad humana de tomar decisiones*.

Aunque algunos dudan de que tengamos libertad de elección debido a que estamos condicionados por el ambiente, tal argumento no coincide con la forma de vida que yo conozco.

En mi actividad de psicoterapeuta, he observado a mucha gente que aparentemente tiene muy pocas posibilidades de elegir. Cuando alguien sufre una enfermedad, o trabaja en situaciones penosas o convive con una persona insoportable debido a su mal carácter, puede llegar a creer que sus circunstancias no le permiten elegir. Sin embargo, me ha resultado sorprendente comprobar cómo personas que tienen todo en contra, eligen, y su decisión cambia las situaciones adversas o, cuando menos, las ayuda a sobrellevarlas.

Una de las razones de que la Oración de la Serenidad conmueva a tanta gente es que combina la realidad con la esperanza. Esta oración no se detiene en el hecho de que hay ciertas cosas en la vida que "no pueden ser cambiadas", sino que va más allá y afirma que es posible elegir, que podemos tomar decisiones y emprender acciones que marquen una diferencia en el modo de vivir.

A veces quisiéramos que Dios hubiera creado un mundo mejor, sin detenernos a pensar en lo que esto significa. ¿Un mundo sin leyes confiables? ¿Un mundo en el que cada uno permanezca aislado, sin poder relacionarse con los demás? ¿Un mundo en el que fuéramos robots mecánicos sin capacidad para elegir?

Un mundo con leyes establecidas, en el que no estamos solos y tenemos el poder de elección es un mundo complicado. Por ejemplo, un amigo puede morir en un accidente automovilístico y un adicto a la heroína puede procrear a un niño aficionado a las drogas.

Es triste que esos desórdenes ocurran porque no estamos conscientes de lo que hacemos. Pero es más triste tratar de resolver los problemas evadiendo deliberadamente la realidad. No importa si se utilizan las drogas o alguna otra forma de evasión, el resultado es el mismo: permanecer ciego ante los problemas no resuelve nada.

Como he mencionado antes, la Oración de la Serenidad combina la realidad con la esperanza. En lugar de representarnos un mundo en el que lo único que podemos hacer es apretar los dientes y resignarnos porque no puede hacerse nada, la oración nos recuerda que *el cambio es posible* si reconocemos nuestras limitaciones y, con valor y sabiduría, ponemos nuestra esperanza en una Presencia Poderosa que está por encima de nosotros.

A propósito, al hablar de la Presencia Poderosa, recuerdo una experiencia que tuvo Martin Luther King, Jr., cuando atravesó uno de los periodos más difíciles de su vida al enfrentarse a cosas que él no podía cambiar.

Cuando asumió el liderazgo del movimiento por los derechos civiles en Estados Unidos, comenzó a recibir cartas y llamadas en las que lo amenazaban. Al principio, pensó que se trataba de simples bromas, pero luego se dio cuenta de que las amenazas iban en serio.

Una noche, cuando estaba a punto de dormirse, sonó el teléfono. Una voz iracunda dijo: "Escucha, negro, sabemos todo sobre ti. En pocos días lamentarás haber venido a Montgomery".

Él colgó pero ya no pudo dormir. Más tarde, al referir el asunto, dijo: "Parecía como si todos mis temores se hubieran hecho realidad. Me sentí presa de la desesperación".

Continúa su relato: "Abandoné la cama y empecé a caminar por la habitación. Finalmente, fui a la cocina a preparar café. Estaba a punto de rendirme. Pensé en cómo podría salir corriendo de allí sin parecer un cobarde. En medio de tal agotamiento, cuando casi todo el valor me había abandonado, resolví llevar mis problemas ante Dios. Con la cabeza entre las manos, me incliné sobre la mesa y oré en voz alta.

"Era la medianoche y todavía recuerdo vívidamente las palabras que dirigí a Dios: 'Aquí estoy, defendiendo lo que creo que es correcto. Pero en estos momentos tengo miedo. La gente desea que la guíe, pero si aparezco ante ella desprovisto de valor y fortaleza, también vacilará. Ya no tengo fuerzas. He llegado al punto en que no puedo hacer las cosas solo'."

En ese momento, experimentó la presencia de Dios como nunca antes: "Fue como si hubiera escuchado una voz interior, suave y segura, que decía: Levántate contra la injusticia, defiende la verdad. Dios siempre estará a tu lado'. Casi al instante mis temores se esfumaron y desapareció la incertidumbre. Estaba preparado para enfrentarme a todo. La situación externa era la misma, pero Dios al comunicarse conmigo me había dado paz interior".

Esta paz no lo abandonó cuando, tres días más tarde, bombardearon su casa. Poco después, al recordar esta experiencia, declaró: "Cuando nuestras vidas se vuelvan más oscuras que mil noches, recordemos que hay un grandioso Poder benigno en el universo cuyo nombre es Dios… Ésta es nuestra esperanza… Éste es el mandamiento que nos ha sido dado por hacer un mundo mejor".

5
Valor

La experiencia de Martin Luther King, Jr., relatada en el capítulo anterior, ilustra claramente la estrecha relación que existe entre la serenidad y el valor. Sus actos lo llevaron a enfrentarse cara a cara con el temor, y necesitó paz interior, serenidad, fortaleza y valor para seguir adelante.

En este análisis que hacemos de la Oración de la Serenidad es útil darse cuenta de que, a pesar de que no se menciona en el título de la oración, el valor es un punto central de su contenido.

Lo primero que se menciona es la serenidad, por eso ha parecido conveniente titular así a toda la oración, aunque también podría llamarse la Oración del Valor, o la Oración de la Sabiduría. De hecho, si no se hubieran incluido las secciones sobre el valor y la sabiduría, expresaría una actitud muy diferente ante la vida como un todo.

Mientras que la serenidad implica una cierta paz, orar pidiendo "valor para cambiar" es un poco inquietante. No es que me disguste pensar en mí mismo como una persona valerosa; es simplemente que asocio el valor con un peligro de alguna especie. El valor tiene un aspecto inseguro que resulta perturbante.

Tal vez a usted le haya pasado lo mismo que a mí cuando la oración se traslada del tema de la serenidad hacia el tema del valor. Casi sin darnos cuenta, podemos caer en el error de repetir las palabras sin pensar en su significado.

Pero eludir la parte en que la oración habla del valor provoca que se tergiverse su contenido. Una de las razones de la popularidad de la oración es su realismo. En vez de asociar a Dios con el enfoque de un mundo que no existe o con una evasión de cualquier carácter, la oración pone el énfasis en el enfrentamiento de la vida, no en el escape de ella.

Pedir "valor para cambiar" significa estar de acuerdo con un concepto peculiar de la vida, un punto de vista que, además, revela algo vital acerca de la relación de Dios con el mundo y con los seres humanos.

También es importante subrayar lo que la oración *no* dice. Por ejemplo, en ningún momento declara que los problemas que aquejan al mundo son irreales, que si consideráramos las dificultades desde otra perspectiva nos daríamos cuenta de que todo está bien, que los problemas son simplemente una ilusión.

La plegaria dice otra cosa: que es necesario hacer

cambios, que no se ha cumplido la voluntad de Dios sobre la Tierra y que necesitamos una visión y una fortaleza interiores que nos permitan realizar estos cambios.

Mucha gente rechaza la idea de que la voluntad de Dios no se ha cumplido. En medio de sus tragedias, las personas encuentran consuelo diciendo: "No lo entiendo, pero sé que fue voluntad de Dios que así ocurriera".

A mí me resulta muy difícil aceptar que algunos errores en el mundo ocurran solo para probarnos o para enseñarnos algo. ¿Acaso todos los accidentes automovilísticos representan la voluntad de Dios? ¿Tiene algún sentido la existencia de los torturadores? ¿Es correcto que una persona insensible ridiculice a otra si se considera desde el punto de vista de Dios? Afirmar que situaciones tan dolorosas como éstas son simples lecciones es, para mí, llevar la fe en Dios más allá de lo tolerable.

El autor de esta plegaria concibe a Dios y a la condición humana de modo muy diferente. En vez de creer que todo ocurre por la voluntad de Dios, considera que la mayoría de los problemas tienen su raíz en el mal uso que los seres humanos hacemos de la libertad.

Dios creó un mundo básicamente bueno y seguro; pero ahora es un mundo fallido, que se encuentra por debajo de lo que debería ser a causa de la debilidad humana, y es necesario reorientarlo.

Tener valor para cambiar significa reconocer que las cosas están mal por culpa nuestra, y que necesitamos la fortaleza que proviene de Dios para enderezar el rumbo.

La frase completa es: "para cambiar las cosas que puedo cambiar", pero detrás de estas palabras parece haber algo más. El objetivo no es simplemente cambiar todo lo que pueda, todo lo que sea capaz de cambiar, sino "cambiar las cosas" *que necesitan un cambio.*

De hecho, la plegaria original decía: "valor para cambiar *lo que debería ser cambiado".*

Desafortunadamente, la palabra *deber* tiene en la actualidad un contenido negativo para algunas personas. Un amigo mío dice que él no puede soportar la palabra *deber* porque siente que implica obligación. Muchas veces he escuchado a la gente decir, con gran enojo: "A mí nadie me 'obliga'."

Es comprensible que quienes se criaron en familias desajustadas, donde el *deber* se usaba para crear presión y sentimientos de culpa, encuentren irritante la palabra. Pero si la utilizamos de otra forma, la palabra *deber* nos ayuda a dar un sentido a esta parte de la oración. Cambiar lo que debería ser cambiado es lograr que las cosas sean como tienen que ser; es darse cuenta de lo que tiene que hacerse y hacerlo

En el programa de recuperación de los Doce Pasos, uno de los pasos nos alienta a desarrollar un contacto consciente con Dios para conocer Su voluntad y para tener la fuerza que nos ayude a realizarla. Tal es el verdadero significado de esta parte de la oración.

Pedir valor, por tanto, no significa orar para permanecer ciegos ante el peligro. Todo lo contrario. El verdadero valor no excluye el temor. No es necesario tener valor para enfrentar situaciones en las que no corremos ningún peligro. Ser valeroso significa decidirse a actuar cuando hay razones para tener miedo.

El valor está formado por dos aspectos: la decisión y la acción. Muchos solo ven el acto de valor, pero a menudo no perciben el otro aspecto: el esfuerzo interno para decidirse a actuar.

Debido a que muchas personas suelen esconder sus temores, ciertos actos de valor pueden parecer muy ordinarios.

Por ejemplo, pienso en Jane, divorciada hace varios meses, quien, después de mucho pensarlo, se decidió a asistir a un grupo de solteros que estaba en un pueblo cercano al suyo. Ella me contó que, al llegar frente al edificio donde se reunía el grupo, se detuvo y, casi de inmediato, volvió el coche y regresó a su casa.

Cuando estacionó en su cochera, se detuvo a pensar en su vida. Entonces, estremecida por el temor, dio la vuelta al coche otra vez y se dirigió a la reunión. Cuando atravesó la puerta, pocos, por no decir ninguno, se dieron cuenta de que su presencia ahí era una muestra de valor.

El aspecto del valor que pasa inadvertido es el esfuerzo interno para decidirse a hacer aquello que se teme. A veces, este impulso inicial cuesta más trabajo que el acto mismo. En ocasiones titubeamos debido a que no está claro lo que tenemos que hacer. Sin embargo, hay circunstancias en que esto es muy claro, pero simplemente no queremos hacerlo. El problema aquí no es la carencia de claridad, sino *nuestra falta de disposición*.

Así que, antes de rezar, tal vez necesitemos preguntarnos: "¿Voy a orar para cambiar algo que, de cualquier manera, no quiero cambiar?"

Un alcohólico ya recuperado de su adicción me contó

una vez que, antes de alcanzar la sobriedad, él solía orar, al mismo tiempo que se servía un trago: "¡Oh, Dios, no permitas que me lo tome!" Cuando finalmente dejó la bebida, contaba esta anécdota en medio de risas, diciendo que en ese entonces no se daba cuenta de la incongruencia entre su conducta y la petición que hacía al orar.

A mí me parece razonable creer que la idea de Dios no es invadir la personalidad humana y arrebatarnos nuestra libertad de elección. Un acto semejante significaría la pérdida de la esencia del carácter humano. Si así fuera, dejaríamos de ser personas para convertirnos en títeres.

Orar pidiendo valor es afirmar nuestro yo y nuestra posición respecto a la voluntad de Dios. Significa el deseo de participar de las intenciones de Dios.

Por supuesto, la fortaleza y el valor que nos infunde la oración no son una especie de recompensa que Dios nos da por orar en la forma correcta. Más bien, la oración crea una atmósfera propicia para recibir lo que pedimos. Es como encender una lámpara en el hogar. No es que la luz nos ilumine como recompensa por haber tirado del interruptor. Simplemente es la forma en que funciona. Actuamos de manera tal que propiciamos el cumplimiento de nuestra petición.

Al orar pidiendo valor también manifestamos, en cierto sentido, el modo en que concebimos a Dios.

Una de las preguntas más importantes que debemos hacernos es si le encontramos algún sentido a la vida. ¿Será toda esta cosa —nuestra vida— una especie de ocurrencia accidental o tiene algún gran propósito subyacente? Y, en caso de que lo tenga, ¿es algo bueno?

No sería realista pensar que encontraremos, de algún modo, la respuesta final a estas interrogantes y que no volveremos a dudar jamás. La vida es un proceso interminable en el que encontramos las respuestas a medida que vivimos y maduramos.

Pero, ¿cómo obtener el valor?

Por una parte, parece que el valor surge del esfuerzo por comprender la vida. Es el resultado de los valores que adquirimos a partir de lo que creemos y experimentamos. Por otra parte, la Oración de la Serenidad parece decirnos que el valor es algo que Dios nos otorga si se lo pedimos. ¿Cuál es el verdadero criterio?

Yo creo que los dos.

El valor es, al menos parcialmente, resultado del esfuerzo humano individual. Cuando me dicen que una persona es valerosa, siento respeto por ella, pues en cierta forma es responsable de poseer esta cualidad. Considerar el valor de alguien simplemente como un don de Dios no es muy digno de admiración.

Por tanto, el valor está relacionado con el carácter de la persona. Es el resultado parcial de un esfuerzo interno por adoptar una posición y una convicción frente a la vida.

Sin embargo, también hay cierta cantidad de valor de la cual no somos responsables, sino que nos es dada. Por ejemplo, a veces nuestras convicciones no se ven muy sólidas y los sentimientos están por encima de la razón. Hay momentos en que, a pesar de nuestros actos y de todos nuestros esfuerzos, nos *des*-valoramos.

Sorpresivamente, cuando alcanzamos este bajo nivel,

podemos experimentar un cambio interior que nos hace receptivos al valor.

Jesús dijo: "Bienaventurados (felices) los pobres de espíritu" (Mateo, 5:3). Nuestra primera reacción ante estas palabras podría ser: "¡Un momento! Debe haber algún error. ¿Por qué habrá dicho eso? Se supone que los felices son los *ricos* en espíritu, no los pobres".

En realidad, el momento crucial en que nos es dada la fortaleza no es, generalmente, cuando rebosamos de confianza, sino cuando estamos pobres en espíritu, cuando tenemos necesidad de un Poder más grande que el nuestro. En el momento en que nuestras propias limitaciones ya no nos permiten ir más allá, Dios nos proporciona el poder para realizar aquello que está por encima de nuestra capacidad.

Por tanto, hay dos cosas que contribuyen al valor: lo que hacemos por nosotros mismos y lo que Dios hace en nuestro beneficio.

La parte que nos corresponde consiste en "enfrentar conscientemente" lo que tememos. ¡Pero para hacer eso necesitamos valor! Suena como si fuera un círculo vicioso (sin experiencia, no puedes conseguir el empleo; pero si no tienes un empleo, no podrás adquirir experiencia). ¡Parece que la única forma de *obtener* valor es *tener* valor!

Pero la cosa no es tan difícil e imposible como se ve. Samuel Miller, en su libro *The life of the soul* (La vida del alma), nos recuerda que en otros aspectos de la vida se da el mismo patrón de crecimiento y madurez. Asegura que la única manera en que podemos *convertirnos* en carpinteros es *siendo* carpinteros. Lo que él quiere establecer es que, al cortar con una sierra un trozo de madera, nos convertimos en carpinteros.

Al principio, tal vez la calidad del trabajo no sea muy buena; pero, extrañamente, ser lo que queremos ser nos lleva a convertirnos en lo que pretendemos.

Así ocurre con el valor. Comportarnos valerosamente, aunque dentro de ciertos límites, nos ayuda a ser más valerosos. Aunque parezca extraño, siendo valerosos nos volvemos valerosos.

Pero el valor significa algo más que simplemente hacer aquello que tememos. Realizar algo solo porque nos atemoriza hacerlo podría parecer un poco tonto. El verdadero valor consiste en aferrarnos a nuestros principios. De hecho, la cantidad de valor con que contamos está directamente relacionada con el sentido que damos a nuestra vida.

Por esta razón es vital desarrollar una creciente comprensión de lo que somos, de lo que significa ser humanos en este mundo complejo y enigmático, y entender el importante papel que tiene el valor en nuestras vidas.

El dramaturgo Arthur Miller redactó un artículo en el que cuenta cómo fue que escribió la obra *Incident in Vichy* (Incidente en Vichy).

La obra está basada en una anécdota que le refirió un amigo suyo. Este hombre conoció casualmente a un judío en la ciudad de Vichy, Francia, en 1942. Al judío lo capturaron y fue llevado a una estación de policía, donde estaba una larga fila de hombres, y simplemente le dijeron que se formara en la fila. La puerta de una oficina se abría de tiempo en tiempo y las personas de la fila eran llamadas una por una. Algunos salían de allí, otros no. Entonces comenzó a correr entre ellos el rumor de que se trataba de una operación de la Gestapo, y que solo aquellos que pudieran probar que no eran judíos saldrían libres. La fila se movió rápidamente hasta que solo quedó un hombre antes que este judío frente a la puerta. Parecía que nada iba a salvarlo de la muerte.

Finalmente, la puerta se abrió y salió el hombre que había entrado antes que él. Como era un pagano, le dieron un pase para dejarlo libre. Sin embargo, se detuvo frente al judío y tranquilamente le entregó su pase. Nunca antes se habían visto, pero, gracias al acto de ese hombre, el judío salió de la estación de policía como un hombre libre.

Arthur Miller nos dice que durante diez años meditó en ese incidente y en su significado. Pensó muchas veces en el desconocido que regaló su pase a la libertad; por ejemplo, cuando leyó en el periódico acerca de una mujer asesinada a puñaladas en la calle, sin que nadie hiciera nada por ayudarla, o cuando meditaba en la situación en que se encontraban los negros o en la destrucción de los judíos en Europa.

Empezó a darse cuenta de que en este mundo tan complejo todos somos, en cierto sentido, cómplices de actos injustos. De una forma u otra, cada uno es culpable por no levantarse en favor de la justicia cuando es necesario, y la gente inocente sufre como consecuencia.

Miller nos dice que recordó a esos tres jóvenes que, en los primeros años del movimiento por los derechos civiles, fueron asesinados en Mississippi. ¿En qué se diferenciaron de los cientos de hombres que, antes que ellos, fueron linchados y azotados hasta morir? "La diferencia, creo", dice Miller, "es que los tres jóvenes fueron víctimas voluntarias. Ellos transformaron los sentimientos de culpa de los blancos en un sentido de responsabilidad que abrió el camino para salvar el abismo del remordimiento y la desesperación".

Uno de los valores de la Oración de la Serenidad es que cada sección contribuye a las demás y las enriquece. Conocer el significado del valor es también apreciar el significado de la sabiduría. La parte final de este libro arrojará más luz acerca de la naturaleza humana y sobre el significado de nuestra existencia como individuos.

Una observación más: debido a que el valor está tan estrechamente relacionado con la sabiduría, le sugiero que vuelva a revisar este capítulo después de leer el que se refiere a la sabiduría

6
Para cambiar aquellas que sí puedo

Cuando llega una crisis, nuestras creencias salen a la luz e influyen en nuestras vidas de una u otra manera. Una persona fuerte en apariencia tal vez no tenga mucha fortaleza interior. Quien parece frágil y débil puede convertirse en un ser maduro y lleno de valor.

A propósito, me viene a la mente el recuerdo de Sara. Después de veinticinco años de casada, viviendo una vida apacible y tradicional, vino a verme. Estaba trastornada por algo que le había ocurrido la tarde anterior. Ella y su esposo descansaban en la sala de su casa. Él parecía absorto en sus preocupaciones y ella le preguntó en qué pensaba. Él se llevó las manos a la cara y comenzó a llorar "Quiero el divorcio", dijo. "Estoy enamorado de otra mujer".

Pocas horas después, salió de la casa y no regresó.

Repentinamente, sin ninguna advertencia, la tranquila vida familiar de Sara se alteró por completo. Pero ella salió adelante. A pesar del dolor y el rechazo de que había sido objeto, encontró una fuente de valor y esperanza en su interior. No obstante que ya había pasado de los cincuenta años, comenzó una nueva vida y, al final, entabló una relación amorosa con otro hombre. Gracias a su valor, multiplicó su fortaleza a pesar de las condiciones adversas.

Durante muchos años me he dedicado a meditar en los efectos que tiene en la vida de una persona su forma de pensar. Me he preguntado por qué algunos viven envueltos en el temor y la ansiedad, mientras otros, en circunstancias semejantes, enfrentan sus problemas con la tranquilidad que les da su fortaleza interior.

Me asalta una interrogante: "¿Existirá algún sistema de creencias que ayude a la gente a superar las dificultades con valor y esperanza?" Al principio, pensaba que las personas como ésas mantenían creencias fuertes e inconmovibles a pesar de las circunstancias. Sin embargo, mientras más observo a la gente que posee esa calidad de vida tan especial, más me convenzo de que se trata de todo lo contrario. Donde debería encontrar creencias rígidas, he notado que hay *flexibilidad*.

Estas personas se muestran abiertas a las nuevas ideas, aun cuando contradigan lo que hasta entonces han creído. En vez de aferrarse a sus creencias para mantener su seguridad, poseen una confianza tal que les permite adaptarse a las nuevas verdades.

Es obvio que quienes defienden dogmáticamente sus creencias tienen menos capacidad para enfrentar las tragedias inesperadas. Es como si las creencias rígidas estuvieran hechas de un material quebradizo que se hace añicos cuando se somete a las tensiones, mientras que las creencias flexibles se doblan ante la presión de los acontecimientos, pero gracias a ello no se rompen.

Mientras más pienso en la flexibilidad, más pienso que ella es el núcleo de un sistema de creencias que se pretenda funcional. Un rasgo característico de las personas psicológicamente saludables es *su disposición a ver la vida desde otro ángulo, arriesgarse a tomar conciencia de las cosas nuevas.*

A despecho del sistema de creencias de las personas, los más aptos para sortear las dificultades son aquellos que poseen un sentido de fe y confianza en la vida. Aunque tal vez no siempre cuenten con esa confianza, he notado que, cuando está presente en ellos, la gente es capaz de enfrentarse a sus problemas y solucionarlos, en vez de evadirse de la realidad.

Es comprensible que a veces deseemos aferrarnos a las verdades familiares, a lo que ha funcionado bien en el pasado, porque enfrentarnos a las cosas nuevas resulta muy desagradable.

Ayer me encontré con un hombre que, con más de cincuenta años a cuestas, fue despedido de su trabajo. Él comparó su actitud ante esta situación con la de su hijo: "Mi hijo no quiere permanecer mucho tiempo en un solo empleo", me dijo, "pero yo siempre tuve una idea diferente de mi trabajo. Me decía a mí mismo que, si era leal a la compañía para la que trabajaba, ella también sería leal conmigo". Para este hombre, y a veces también para todos nosotros, es doloroso descubrir que el mundo se ha transformado, que las verdades familiares ya no son lo que fueron, que se necesita valor para cambiar.

Cuando experimentamos una profunda pérdida, ya se trate de un empleo o un ser amado, y nuestro familiar sistema de creencias no nos ayuda a sobreponernos, tal vez elijamos uno de los dos siguientes caminos: negarnos a reconocer lo que ha ocurrido y aferrarnos a nuestras antiguas creencias, o adaptarnos gradualmente a la dolorosa situación, volver a hacer planes para el futuro, emprender algo constructivo e introducirnos conscientemente en un mundo muy diferente del que hemos conocido.

Pero, aunque estemos dispuestos al cambio, es vital analizar cuidadosamente hacia dónde vamos. Cada uno de los problemas puede requerir diversos enfoques para su resolución.

A menudo, un primer paso muy útil para sobrevivir a los cambios es simplemente *definir el asunto central*.

Sería muy recomendable comenzar con la siguiente pregunta: ¿Qué clase de problema es éste?

1. ¿Es un problema *práctico*?
2. ¿Es un problema que tiene relación con *otra persona*?
3. ¿O acaso es un problema *conmigo mismo*?

Como la respuesta a estas preguntas determinará la manera de encontrar una solución, es muy importante aclarar de qué clase de problema se trata.

Los problemas *prácticos* no son problemas emociona-les. En ellos se trata del "modo en que funcionan las cosas" y no tiene mucho que ver con los sentimientos de la gente. Por ejemplo, diseñar un plan de trabajo, un programa, ensamblar una pieza en un equipo y arreglar algo que se ha roto son problemas prácticos. El asunto aquí es cómo cambiar cosas o situaciones de un modo impersonal.

Los problemas relacionados con *otra persona* tienen un enfoque diferente. Éstos se refieren a lo que ocurre sentimentalmente entre las personas.

Aunque tales problemas a veces involucran a varias personas, lo más común es que la cuestión central tenga que ver con alguien en particular. Quizá se originan en el rompimiento de relaciones con una persona cercana, en la convivencia con alguien que nos critica constante-mente, o en el rechazo silencioso del ser que amamos. Aquí se trata, principalmente, de problemas personales y emocionales entre dos individuos o dentro de un grupo.

Los problemas *con nosotros mismos* son aquellos que simplemente están "ahí", sentimientos internos que nos complican la vida. Este tipo de problemas puede incluir la ansiedad, el temor o las preocupaciones sexuales. Tal vez tengan que ver con la autoestima o con algún otro sentimiento interior que no deseamos compartir con los demás.

Sin embargo, rara vez los problemas pueden clasifi-carse dentro de estas tres categorías principales. En general, las dificultades que surgen en un área afectan también a las demás. Pero decidir cuál es el *asunto central en la presente situación* es un punto de arranque muy útil para crear un cambio.

Por supuesto, siempre es bueno meditar acerca de la voluntad de Dios, pero a menudo los problemas prácticos tienen que ver más con el pensamiento y la acción que con la confianza y la oración. Sin embargo, esto no significa que debemos desechar la ayuda de la oración para encontrar soluciones. A veces, en los momentos de quietud, después de pensar en las distintas posibilidades de solución y orar para saber cuál es la más adecuada, puede ser que, de repente, se nos ocurra algo que no habíamos considerado antes; tal vez la idea llegue al despertar o incluso en un sueño por la noche.

Aunque es importante pensar en una amplia gama de posibilidades, a veces la solución se presenta sin necesidad de muchos análisis.

Cierta vez supe de una mujer que tenía muy enfermo a uno de sus hijos. El niño necesitaba una transfusión de sangre pero no podían conseguir un donante porque el paciente tenía un tipo de sangre muy raro. En un momento de oración silenciosa, la madre súbitamente recordó a alguien que había conocido hacía muchos años y que había mencionado tener el mismo tipo de sangre de su hijo. Afortunadamente localizó a esta persona, quien se ofreció como donadora, y gracias a eso el niño pudo recuperarse.

Esta historia nos recuerda el valor que tiene orar con una actitud receptiva. Aunque tendemos a considerar a la oración como un monólogo dirigido a Dios, a menudo la luz del conocimiento nos ilumina en la quietud. Esperar, permanecer en silencio, es casi siempre la forma más efectiva de orar.

En efecto, cuando se trata de los problemas prácticos, puede resultar muy útil pensar todas las soluciones posibles y analizar cuál de ellas nos hace sentir más tranquilidad interior. Si no hay urgencia, es recomendable dejar pasar unos días para saber si esa sensación de paz se mantiene.

Nosotros allanamos el camino para solucionar las dificultades al indagar, hasta donde sea posible, los perfiles del asunto central: cuándo debe estar ya resuelto, qué limitaciones tenemos (es decir, qué elementos no pueden alterarse), y de qué recursos disponemos.

Si las cosas no se aclaran, a pesar de que pensamos y oramos mucho acerca de ello podemos preguntarnos: "¿Hay algo que nos ayude a orientarnos en una dirección positiva?"

El salmo 119 dice que la palabra de Dios es como una lámpara: "Lámpara es a mis pies tu palabra y luz en mi sendero" (Salmo 119:105). Tal vez esta lámpara solo nos muestre un paso, pero si lo seguimos es muy probable que el siguiente paso nos resulte más claro.

Aunque la definición de las dificultades es muy útil para resolver los problemas prácticos, en general es muy difícil encontrar la causa de los problemas de relaciones o de aquellos que tienen que ver con nosotros mismos.

Los problemas de relaciones, por ejemplo, tienden a ser elusivos porque no siempre es claro lo que ocurre en el interior de la otra persona. Si no sabemos lo que está mal —lo que necesita un cambio— es posible que nos invada la frustración y tratemos de obligar a la otra persona a cambiar, sin darnos cuenta de que al forzarla es muy probable que originemos más problemas.

Bajo tales circunstancias, lo mejor que podemos hacer es orar *por* el otro; no para que se someta a nuestra voluntad, sino para que le vaya bien y pueda ser feliz. Alguien dijo una vez que uno de los testimonios más convincentes del poder de la oración es el bien que resulta de orar por una persona que nos desagrada.

Al orar buscamos la ayuda de Dios para mejorar la situación. Por tanto, la respuesta tiene que ser congruente con el amor de Dios. Pedir algo contrario a la voluntad de Dios es incongruente con una comprensión racional de la oración.

Uno de los beneficios que el método científico ha traído al mundo es que ha ayudado a proporcionar una base de entendimiento en muchas áreas de la vida. El enfoque científico consiste en aclarar "lo que existe", describir lo que es real. Cuando logramos definir "lo que existe", alcanzamos un punto de arranque tanto para el pensamiento como para la oración.

Sin embargo, es importante observar que algunas cosas son más fáciles de definir que otras.

Veamos, por ejemplo, cómo se podría explicar lo que es real en cada uno de los siguientes ejemplos:

Un trozo de madera
Una pintura
La fotografía de un amigo

Una tarjeta conmemorativa dirigida a usted
Una relación amorosa

Las primeras cosas de esta lista son más fáciles de definir porque son menos personales, pero la dificultad aumenta cuando tratamos de explicar las demás porque son más personales.

A veces la gente se queja de que hablar acerca de las cosas espirituales es hablar acerca de algo que "no es real". "¿Cómo puede ser real si ni siquiera puedes explicarlo?"

Necesitamos darnos cuenta de que *las cosas más importantes de la vida son, a menudo, las más difíciles de describir.*

Asumir que solo es real aquello que entendemos claramente me hace recordar al borracho que perdió las llaves de su coche y corrió a buscarlas una cuadra más adelante —debajo de una lámpara— solo porque ahí había más luz. El lugar más iluminado no es necesariamente el lugar donde se encuentra la realidad.

Debido a que la ciencia ha tenido un gran éxito en transformar el mundo en lo físico, tendemos a creer que la mejor manera de realizar los cambios consiste en utilizar el método científico: descifrar "lo que es" y emprender la acción.

La aplicación de este método es más efectiva en aquellas áreas de la vida que están claramente definidas, como ocurre con los problemas prácticos, pues podemos analizarlos directamente. Gracias a este análisis hemos logrado grandes progresos en el mejoramiento de la extensión y la calidad de vida.

Pero el método científico resulta menos efectivo cuando se trata de las relaciones humanas. Es un hecho comprobado, de acuerdo a mi experiencia, que aquellos que se precian de ser objetivos, a menudo (no siempre) tienen dificultades para manejar los problemas domésticos. Tratar, objetivamente, de "realizar cambios" para que mejoren las relaciones familiares, frecuentemente agrava las dificultades.

Los problemas con nosotros mismos representan otra área en la que el pensamiento tiene una efectividad limitada. Es común que digamos: "Siempre me siento ansioso, y creo saber por qué, pero no sé cómo evitarlo".

Es mucho más fácil saber cómo cambiar las cosas o los acontecimientos que saber cómo manejar las emociones. ¿Entonces qué puedo hacer? En esto, los descubrimientos de la psicología pueden ser de mucha ayuda.

La ciencia, a pesar de sus limitaciones, ha sido muy útil al proporcionarnos un conocimiento de lo que ocurre en nuestro interior. No solo hemos alcanzado un conocimiento médico —la comprensión de cómo funciona físicamente el cuerpo—, sino ahora también entendemos cómo funciona la mente en lo que toca a manejar las emociones y los pensamientos.

De todo lo que hemos aprendido acerca de la mente, una de las cosas más valiosas es el conocimiento de lo que en psicología se denomina represión. Saber cómo funciona la represión no solo es útil para conocernos a nosotros mismos, sino también nos ayuda a comprender a los demás y la forma en que nos relacionamos con ellos.

La represión es lo que ocurre en el interior de la mente

cuando experimentamos de súbito una situación trágica, como la pérdida del empleo o la muerte de un amigo. A menudo, la primera reacción consiste en exclamar: "¡Simplemente no puedo creer que sea verdad!"

Cuando ocurre algo inesperado y doloroso, esta es la forma en que reaccionamos automáticamente en nuestro interior. El impacto provoca que la mente funcione en dos niveles diferentes. En un nivel, estamos conscientes de lo que ha ocurrido; pero, en el otro, nos negamos a creer en ello.

Yo pienso que Dios ha creado este mecanismo mental de represión para ayudarnos a soportar el intenso dolor que nos invade al experimentar el efecto producido por una tragedia.

La represión podría compararse con lo que ocurre en el ojo al ser iluminado repentinamente por una luz intensa. Esto sucede, por ejemplo, cuando salimos de un edificio oscuro a la calle en un día muy luminoso. Como la luz cae directamente en el iris, entrecerramos los ojos automáticamente para protegernos de la intensidad de la luz.

En situaciones así, de momento nos resulta difícil ver con claridad. A medida que los ojos se adaptan al medio, vemos con más detalle lo que está frente a nosotros. Después de un breve periodo de ceguera temporal, vemos normalmente.

De igual modo, cuando ocurre un acontecimiento trágico, la represión nos protege de ver lo que pasa.

La represión amortigua la intensidad de los problemas emocionales que nos embargan. Cuando es mucho el dolor que experimentamos repentinamente, la represión se encarga de disminuirlo para que la mente solo tenga una conciencia limitada de ello.

Pero es importante entender que, en general, el propósito de la represión consiste en darnos un apoyo *temporal*, un poco de tiempo para adaptarnos a la situación. Sin embargo, los problemas surgen cuando, a causa de la ansiedad, cerramos los ojos a la realidad y nos negamos a reconocer lo que ocurre.

En este punto crucial es cuando la fe y la confianza se convierten en los factores determinantes del cambio.

Aunque la forma de resolver los problemas prácticos consiste en *comprender lo que es* y *realizar los cambios*, cuando se trata de problemas emocionales y espirituales, la solución consiste, a menudo, en *aceptar lo que es* y *dejar que ocurra*.

Carl Jung usaba el término *sombra* para describir los aspectos de nuestro ser que nos desagradan. Todos tenemos aspectos que desearíamos rechazar, partes de nosotros mismos que no queremos reconocer.

La forma de salir de los problemas emocionales es darnos cuenta de que *aceptar todo lo que sentimos nos transforma*.

El psicólogo Carl Rogers lo manifiesta de esta manera: "Nosotros no podemos cambiar, no nos es dable escapar de lo que somos, a menos que *aceptemos* completamente lo que somos. Entonces la transformación parece realizarse casi sin que lo notemos".

Aceptar los sentimientos de este modo, sin embargo, no quiere decir que esté bien *dejarnos llevar* por ellos. Actuar así es un signo de inmadurez.

Es mejor decirnos: "Está bien sentir todo lo que estoy sintiendo. Pero no debo dejarme llevar por los sentimientos. Si reconozco este sentimiento y acepto que es bueno tenerlo, me convertiré en una persona más integrada".

Entender la represión de este modo no solo nos ayuda a realizar cambios en nuestro interior, también puede ayudarnos a mejorar nuestra relación con los demás. Una de las mayores complicaciones que surgen cuando reprimimos continuamente nuestros sentimientos (cuando nos rehusamos a reconocer lo que somos) es la tendencia a proyectar en los demás los sentimientos que rechazamos en nuestro ser interno. Así como un proyector toma las imágenes de una película y las proyecta sobre una pantalla, los seres humanos podemos proyectar nuestras emociones sobre los demás.

Tomemos el sentimiento de ira como ejemplo. Si, en vez de considerar la ira como una reacción normal cuando nos sentimos amenazados, pensamos que es algo malo, la rechazaremos para proyectarla en otra persona. Como nos negamos a creer que la ira proviene de nuestro interior, tendemos a pensar que viene "de afuera".

Ocurre algo semejante a esto: experimentamos un sentimiento de ira. Pero si consideramos que es incorrecto sentirse iracundo, tal vez nos neguemos a aceptar que estamos enojados. Mas, como este sentimiento sigue presente, entonces debe venir de algún lado, probablemente de la otra persona, no de nosotros. Sin darnos cuenta, proyectamos en otros los sentimientos que rechazamos en nuestro interior.

La raíz de la mayoría de los problemas en las relaciones humanas no consiste en rehusarnos a obedecer ciertas reglas, sino en la falta de disposición para enfrentarnos con nuestra propia sombra, es decir, aquellas emociones que consideramos indignas. Sin saberlo, culpamos a los demás de nuestras propias fallas: "¡Tú estás enojado!" "¡Eres muy débil!" "¡Solo piensas en el sexo!"

Si nuestro deseo de repudiar las emociones que sentimos en nuestro interior es muy intenso, existen más probabilidades de que intentemos proyectar esos rasgos en los otros para, de esta manera, evadir la necesidad de realizar cambios en nuestra persona.

Una de las mejores maneras de descubrir nuestra propia sombra es observar qué es lo que más nos molesta de las personas. Muy a menudo, las cosas que nos desagradan de los demás son los defectos que nosotros también poseemos.

Desafortunadamente, en vez de aceptar nuestras propias deficiencias de carácter, provocamos problemas de relación al culpar a los otros para cubrir nuestros propios defectos.

¿Cómo, entonces, podríamos solucionar esos problemas elusivos que nos afectan de manera tan profunda y perjudican nuestras relaciones?

El problema central aquí es la *negación*.
Y lo opuesto de la negación es la *fe*.

La *negación* dice: "Tengo que bloquear —no ver— ciertos aspectos de la vida porque me causan miedo, me deprimen o me hacen sentir indigno".

La *fe*, por el contrario, no se deja llevar por un optimismo ingenuo, más bien *vive consciente de la realidad y, al mismo tiempo, confía en Dios*. La fe me asegura que, aun cuando a veces siento miedo o estoy deprimido, soy optimista porque formo parte de la creación de un Poder Superior amoroso e inteligente.

A diferencia de la negación, la fe estima que el mundo es bueno y confiable. La fe dice: "Es verdad que hay problemas en el mundo, pero se deben sobre todo al abuso del don de la libertad. Confío en que Dios me ayudará a mejorar física, mental, emocional y espiritualmente, si yo así lo quiero, y a veces sin que me dé cuenta de ello".

La fe forma parte de la vida de muchas personas que ni siquiera se consideran religiosas, pero que confían en las leyes del mundo natural y en la obra del pensamiento humano. La gente de fe está dispuesta a arriesgarse porque cree en leyes psicológicas como la que expresa lo siguiente: "Enfrentarme a mis temores es una actitud saludable".

Pero una fe más profunda capta con mayor agudeza el significado de la vida. Las personas con una fe profunda, en vez de cimentar su confianza en la manera en que funcionan las cosas, saben que prácticas como la justicia, el amor y el perdón tienen su fundamento en la bondad básica de la vida. Una fe semejante se respalda en la creencia de que un Poder Superior trabaja de modo permanente para nuestro bien en este mundo complejo.

Por tanto, los cambios se realizan de dos maneras:

1. haciendo que ocurran
2. dejando que ocurran

En general, cuando usamos las palabras *yo puedo*, pensamos propiciar que algo ocurra: "Yo soy capaz de hacer algo con esto". Es regocijante saber que podemos actuar de algún modo para solucionar un problema, a despecho de sus dificultades intrínsecas.

Pero esta sensación de entusiasmo que nos lleva a poner manos a la obra puede hacernos olvidar que los cambios son factibles aun si solo dejamos que ocurran. A veces no nos damos cuenta de que la acción puede ser un obstáculo para que los cambios se realicen.

Creo que fue Peter Marshall, alguna vez capellán del senado de Estados Unidos, quien contó una anécdota acerca de un niño que le pidió a su padre que le desenredara una enmarañada cuerda de pescar. Cada vez que el padre deshacía un nudo, el niño metía los dedos con la intención de ayudarlo a terminar más rápido. Amablemente, el padre le quitaba las manitas de la cuerda, hasta que el niño comenzó a darse cuenta de que la mejor manera de resolver el problema no era hacer algo, sino dejar que ocurriera.

Aunque los problemas prácticos se resuelven por medio de la acción, las dificultades personales desaparecen si uno permite que algo suceda, nada más.

Si yo pudiera decir qué es lo mejor, de acuerdo a mi experiencia como terapeuta familiar, para las relaciones humanas, sería: *No trates de cambiar a los demás.* Respetar a la otra persona al escuchar realmente lo que dice, sin

criticarla ni ofrecerle consejos no pedidos, obra maravi-
llas en la relación. Esto significa dejar que el otro revele
su ser *emocional*. Pero no quiere decir que debemos dejarlo
que haga todo lo que quiera. Podemos informarle (no
aconsejarlo) que nos causa algunas dificultades: "Me
molesta que..." "Estoy preocupado por..." y, si es necesario, debemos explicarle lo que se debe hacer para que las
cosas cambien. La clave consiste en manifestar *tranquilamente* al otro lo que sentimos y demostrarle que entendemos su punto de vista, al repetirlo con nuestras
propias palabras.

Una forma de aclarar la participación de Dios y la
nuestra en el proceso de curación es comparar lo que
ocurre cuando sufrimos algún ligero daño físico. Un
raspón, por ejemplo, se cura con un esfuerzo mínimo de
nuestra parte. Basta mantener limpia la herida y, tal vez,
aplicar un antiséptico.

A medida que experimentamos una mejoría emocional y espiritual, vemos con más claridad que nuestra
disposición es una parte importantísima del proceso
total.

Dios no cambia de modo automático la personalidad,
así sea para bien, si nosotros no estamos dispuestos a
permitírselo. Es evidente que Él no quiere quitarnos la
responsabilidad de hacer, por nosotros mismos, aquello
que nos ayude a convertirnos en mejores personas.

Apoyar es una palabra frecuentemente usada por aquellos que participan en programas de recuperación de
alguna adicción. Entender lo que es el apoyo, además
de ayudarnos a mejorar nuestras relaciones con los de-

más, también nos permite recordar que, aunque Dios nos ayuda, no nos apoya de manera destructiva.

En el campo de las relaciones humanas, apoyar significa a veces responsabilizarnos de otro, hacer nosotros lo que le correspondería hacer a él. Aunque el apoyo es una ayuda en apariencia, podría resultar destructivo si quien la recibe se forma una visión distorsionada de la realidad.

Por ejemplo: un hombre bebe mucho, llega a casa, vomita en la sala y cae al piso medio dormido. La esposa, en plan de "apoyar", se esfuerza por levantarlo, le ayuda a subir las escaleras, lo limpia y le pone su pijama. Cuando él se duerme, ella regresa a la sala, lava el piso y, entonces, totalmente agotada, regresa a la cama.

A primera vista, parece que esto es lo que debe hacer toda esposa considerada. Desafortunadamente, ella no se da cuenta de que sus actos, en realidad, propician —facilitan— que su esposo siga bebiendo.

No hacer responsable a alguien de su conducta no es una actitud tan amorosa como parece al principio. Ayudarle a no darse cuenta de sus actos se suma a su actitud de evasión y le proporciona un falso sentido de la realidad

Despertar en una cama limpia en vez de dormir toda la noche con la cara sucia de vómito es algo que "facilita" que la persona siga bebiendo.

A veces, lo mejor que podemos hacer por alguien es dejar que se dé cuenta de las consecuencias de sus actos. No protegerlo, ni ayudarle a mantener su negación de la realidad es lo que se necesita para prevenir que siga destruyéndose a sí mismo y a los que lo rodean.

76

Tal vez necesitemos hacer una revaloración de lo que significa amar. Si hacemos algo que le corresponde hacer a otra persona por su propio bien no necesariamente es un acto de amor.

Si queremos fortalecer los músculos, necesitamos hacer ejercicios como levantar pesas. Pero si un amigo quiere facilitarnos las cosas ayudándonos a levantar las pesas, lo único que logra es impedir nuestro progreso. Lo mismo ocurre cuando se trata de la formación del carácter. Permitir que otra persona nos ayude en demasía puede resultar perjudicial para lo que pretendemos llegar a ser. Hacer que las cosas ocurran, en general, es menos útil que dejar que ocurran.

A veces es difícil conocer la diferencia entre los actos que son verdaderamente amables y aquellos que resultan en tolerancia perjudicial. Bajo tales circunstancias sería bueno preguntarse: "¿Esto que hago demuestra respeto tanto por mí como por la otra persona?"

Meditar en lo que significa actuar con amor nos será muy útil para ver con claridad lo que podemos esperar de Dios. A veces queremos que Dios nos facilite hacer algo que, al final, será dañino para nosotros o para los demás. Tales concesiones son, por supuesto, contrarias a la intención amorosa de Dios.

En ocasiones, cuando Dios no nos facilita obtener algo que deseamos, pensamos que se debe a que no nos ama. En esos momentos, necesitamos ver la situación no como algo aislado, sino en relación con otros acontecimientos de nuestras vidas. Si hurgamos en el pasado, podríamos obtener una perspectiva más profunda. Alguien una vez comparó la guía que nos da Dios con la experiencia de estar en un barco, sobre una amplia extensión de agua. Al mirar hacia adelante, es difícil saber a dónde nos dirigimos; pero si miramos hacia atrás, a la estela que va dejando el barco, eso nos proporciona un sentido de orientación, pues gracias a ello sabemos dónde hemos estado.

Al analizar mi vida en retrospectiva, veo momentos que me resultaron muy difíciles pero que, con el tiempo, tuvieron consecuencias muy positivas.

En lo que se refiere a los cambios en nuestro interior y en nuestra relación con los demás, parece haber dos elementos centrales para llevarlos a cabo con éxito: *La aceptación y la oración.*

La aceptación puede provenir de los demás como de nosotros mismos.

La aceptación por parte de los demás nos prepara a vernos honestamente. Cuando alguien nos acepta, tendemos a pensar: "Si me ve tal como soy y aun así me acepta, tal vez estoy bien".

Tal aceptación, en general, proviene de personas que son honestas consigo mismas y se caracterizan por escuchar cuidadosamente a los demás. Para los miembros de grupos de apoyo, esa persona podría ser su pareja, que "ha estado ahí" y posee una comprensión especial.

Aunque muchos vacilan en acudir a la ayuda profesional para analizar sus problemas, existe entre los profesionales gente amable y atenta que puede ofrecer un conocimiento que la persona no entrenada no tiene.

Tal vez usted necesite buscar hasta encontrar a la persona con la que congenie mejor.

La aceptación por nuestra parte significa darnos cuenta de que es bueno experimentar, sin distinción, todos los sentimientos (¡pero no actuar de acuerdo a ellos!). Aceptar los sentimientos es una forma de curarse de ellos.

Un paso crucial para aceptar los sentimientos consiste en no ocultarlos. Encontrar una palabra o una frase para describir lo que sentimos nos ayuda a obtener la salud. La fe en la subyacente bondad de la creación y en el proceso progresivo de curación interior nos ayuda a definir y nombrar nuestros sentimientos.

La oración también es una parte vital de la curación en áreas personales de la vida. Orar significa presentarse ante Dios con la disposición de realizar todo aquello que sea benéfico para nuestra persona y para los demás.

Así como alguien puede ofrecer a un carpintero una clase especial de madera para que construya un mueble único en su tipo, así también Dios "trabaja" con el material que nosotros le ofrecemos y lo refina por medio de la oración.

Este material consiste en la información que hemos reunido y en las distintas alternativas que hemos considerado. Aunque al principio el proceso parezca no oración, sino una simple meditación acerca del problema, la cuidadosa meditación se acerca mucho a la verdadera oración. Parte del proceso de la oración consiste en pensar en lo que debe ser hecho a la luz de la voluntad de Dios.

Una mujer que se recupera de su adicción al alcohol, la

heroína y la cocaína, me dijo una vez que, cuando comienza a pensar que esas drogas no son en realidad tan destructivas, inmediatamente se pone a orar.

Una breve conclusión acerca del enfoque práctico para llevar a cabo los cambios: es importante encontrar la forma "más sencilla".

Yo siempre me hago la siguiente pregunta: "¿Cuál es la manera más sencilla de resolver este problema?" *A veces es mucho mejor aceptar una solución que sea un poco menos que perfecta, que seguir escudriñando, a la espera de la solución perfecta.* Yo animo a la gente a mantener un equilibrio entre la solución más completa y aquella que reduzca el dolor ahora. A veces tenemos una idea de "la forma en que debería ser", y perseguimos la solución perfecta, en vez de resolver el problema a un nivel menos perfecto y seguir adelante con la vida cotidiana.

Aunque las soluciones circunstanciales no sean tan completas ni duraderas como aquellas que se encuentran gracias a un profundo análisis, las soluciones más superficiales a veces son las mejores. Les ofreceré un ejemplo extraído de mi propia experiencia para ilustrar lo que estoy diciendo. Bajo ciertas circunstancias, me invade un neurótico temor a los pájaros. Generalmente no les tengo miedo cuando estoy en exteriores y ellos vuelan por encima de mi cabeza. Lo que me atemoriza es cuando me encuentro con un pájaro en algún lugar cerrado. Creo saber de dónde provienen mis temores. Cuando era niño, mi abuela tenía un perico Si mi familia me llevaba a visitarla, ella abría la jaula y el perico volaba alrededor del cuarto; a veces se posaba sobre el hombro de mi abuela.

La simple perspectiva de que el pájaro aterrizara sobre mí, con sus afiladas garras, me hacía sentir muy incómodo, por decir lo menos.

Aunque intelectualmente yo sé cuál es la probable fuente de mis temores, el problema todavía me afecta desde el punto de vista emocional. Recuerdo que una vez estuve dentro de una jaula llena de pájaros en un zoológico, mientras mis hijos se reían gozosamente y decían: "Mira a papá". Yo trataba de cubrirme la cabeza con las manos para protegerme.

Aunque sería posible explorar mis temores de manera más profunda para curarme de esta actitud neurótica e irracional, he preferido resolver la cuestión de manera práctica: simplemente, evito encontrarme con un pájaro en un lugar cerrado. Para mí, no vale la pena recurrir a la psicología y solucionar esta cuestión.

Si trabajara en un zoológico o tuviera que enfrentar situaciones en las que este problema tuviera graves consecuencias para mi vida, no dudaría en buscar una solución más adecuada. Pero, como no es así, simplemente evito esas situaciones. Conozco mi neurosis y me he resignado a vivir con ella.

Algunos podrían pensar que ésta es una actitud de evasión, pero yo creo que algunos problemas son más dignos de considerar que otros. Reconocer que somos criaturas limitadas, con elecciones limitadas, es parte de la sabiduría.

Este análisis del valor y el cambio resultaría incompleto si no se hiciera énfasis en la preocupación central de Reinhold Niebuhr: la necesidad del valor y el cambio dentro de los grupos y las organizaciones. Él pensaba que las organizaciones eran mucho más corruptas que los individuos que las forman, si éstos se consideran aisladamente.

En su libro *Moral Man and Immoral Society* (El hombre moral y la sociedad inmoral), él dice: "En todo grupo humano, existe menos capacidad de autotrascendencia, menos capacidad para comprender las necesidades de los demás y, por tanto, más egoísmo inmoderado que el que revelan en sus relaciones personales los individuos que lo componen".

La experiencia práctica parece corroborar sus afirmaciones. En las organizaciones, a menudo escuchamos comentarios como éstos: "Esa área no es de mi incumbencia" o "Simplemente, es política de la compañía" o "No podemos hacer excepciones".

Niebuhr señala que podemos, sin darnos cuenta, utilizar a la organización para eludir nuestras responsabilidades y hacer cosas que nunca haríamos de manera personal.

Para Niebuhr, preocuparse de las personas no significa simplemente amar a los seres cercanos a nosotros, sino crear los cambios en aquellas áreas impersonales de decisión en que las organizaciones o el sistema dañan o deshumanizan a los individuos.

Desde esta perspectiva, la persona espiritual no es aquella que se aparta del mundo para proteger su pureza personal o para encontrar la paz, sino aquella que se echa a cuestas la responsabilidad de mejorar un mundo degradado.

A veces, las decisiones en apariencia impersonales pueden afectar profundamente la vida de muchas personas. Niebuhr nos anima a observar con cuidado esa organización particular de la que formamos parte y a preguntarnos sobre los efectos finales que provoca el sistema en los individuos que no participan en la toma de decisiones.

Si bien a menudo es difícil realizar cambios en las relaciones personales o en nuestro yo interno, en una organización o en un sistema existe una necesidad especial de ese discernimiento y fortaleza que provienen de pedir en oración el valor para cambiar.

7
Sabiduría para conocer la diferencia

Es probable que todos, alguna vez, nos hayamos hecho la pregunta más importante en la vida: "¿De qué se trata todo esto?" En términos sencillos, la sabiduría significa encontrar una respuesta cada vez más satisfactoria a ese interrogante básico a medida que enfrentamos las alegrías y las dificultades de la vida.

Sabemos, por supuesto, que encontrar un sentido a la vida no significa comprender todo lo que se puede conocer. Cuando decimos que alguien sabe todo acerca de algo —"todo acerca de autos" o "todo acerca de música"— no significa que esa persona haya agotado todos los conocimientos existentes en esas áreas. Más bien, queremos decir que tiene un conocimiento muy amplio —un sentido cabal de las cosas— en lugar de saber solo algunos cuantos hechos aislados.

Saber lo que la vida significa es contar con una perspectiva cuyos detalles encajan en una imagen completa que tiene sentido, un punto de vista que nos ayuda a poner todo en su lugar.

Para desarrollar semejante perspectiva se requiere, por supuesto, un proceso continuo. Aunque en ocasiones la solución a un problema surge de inmediato, en otras todo lo que podemos hacer es buscar un camino que, esperamos, nos lleve a encontrar la solución. *Encontramos las respuestas en la medida en que nos convertimos en parte de un proceso.*

Piense en el ejemplo, ordinario si quiere, que nos ofrece la formación de un rompecabezas.

El rompecabezas, de manera muy semejante a la vida, tiene muchas piezas o partes que necesitan encajar unas con otras para que todo el cuadro tenga sentido.

Piense en lo que hacemos en tales circunstancias.

Si tenemos cientos de piezas de un rompecabezas sobre una mesa, lo que *no* hacemos es coger dos de estas piezas al azar para ver si encajan entre sí. ¡Esa es la manera más difícil!

Sin embargo, podemos lograr algún progreso si:

1) suponemos que el rompecabezas tiene algún significado, y
2) actuamos en consecuencia.

Al principio tal vez solo tenemos una vaga impresión de cuál será el resultado final —una imagen de cierta especie, con ciertos límites— pero eso es todo lo que necesitamos para empezar.

Con este limitado conocimiento acerca de su significado, podemos comenzar buscando aquellas piezas cuyos lados formen un borde y agruparlas por colores. Al seguir estas dos referencias básicas de forma y color, vamos llegando a una comprensión cada vez más completa de la imagen.

Si bien los puntos de referencia pueden, por sí mismos, ser incompletos, confirmamos su valor cuando seguirlos nos ayuda a colocar varias partes en su lugar.

Es cierto que la vida es mucho más complicada que un rompecabezas, pero el proceso de descubrimiento puede resultar muy semejante. Mucha gente se ha dado cuenta de que si supone que la vida tiene algún significado y *actúa como si* lo tuviera, muchas cosas que antes eran confusas se vuelven más claras.

Pero, ¿cuáles son los puntos de referencia que podemos usar como base para comprender la vida?

Aunque muchos otros pueden ser muy valiosos también, estos dos parecen llevarnos hacia una claridad progresiva:

1. Conocernos a nosotros mismos

2. Confiar en Dios

Es de relevancia especial profundizar en la comprensión de estas dos áreas de la vida si queremos alcanzar la sabiduría que nos permita saber lo que podemos y no podemos cambiar; lo que Dios hace y lo que podemos hacer por nuestra parte.

CONOCERNOS A NOSOTROS MISMOS

Conocernos significa saber quiénes somos como individuos y como miembros del género humano.

Entender lo que somos como individuos es un proceso muy personal y requiere ayuda individual. Todos vivimos de acuerdo a ciertos patrones de conducta que se moldean o se refinan gracias a la amorosa ayuda de una persona, de un grupo de apoyo o por medio de ciertas lecturas.

Después viene algo menos específico. Es una estructura general dentro de la cual se pueden analizar los problemas individuales. Aquí se trata de entender nuestra función como miembros del género humano.

Al principio, pensar en nosotros mismos como miembros del género humano podría parecer una cuestión un poco abstracta, que quizá resulte interesante discutir a la luz de principios filosóficos en compañía de los amigos, pero que no tiene mucha importancia en la vida cotidiana.

Sin embargo, casi sin darnos cuenta, todos tenemos ciertas convicciones acerca de la naturaleza humana, convicciones que, de modo sutil o evidente, afectan profundamente la forma en que nos relacionamos con los demás.

Es decir, nuestra manera de pensar acerca del género humano puede ser muy pesimista y cínica, o confiada y optimista. Lo que pensamos de la gente, sea lo que sea, parece tener un efecto profundo en nuestras vidas. La visión general que tenemos de nosotros mismos y de los demás fomenta emociones que determinan la manera en que reaccionamos ante todo tipo de situaciones, lo cual afecta también muchas áreas de nuestras vidas.

Sin embargo, es probable que nos resulte difícil mantener convicciones firmes acerca del género humano; pero, una vez que tomamos una posición al respecto, puede ocurrir un acontecimiento que nos lleve a dudar de nuestras convicciones. Por ejemplo, quien tiene una visión optimista de la gente, tarde o temprano podría sentirse muy decepcionado porque alguien en quien confiaba no correspondió a esa confianza.

Algunos creen que la mejor manera de comportarse con los demás es no esperar nada de ellos, ser pesimista acerca de la bondad humana para no sufrir una decepción.

Pero para mí —y tal vez para la mayoría— creer en la idea de la maldad intrínseca en el género humano es una actitud equivocada. En el género humano existen en realidad otros aspectos como la bondad, la confianza y la sensibilidad.

Tal vez esté más cercano a la verdad creer que los seres humanos son buenos por naturaleza. Mucha gente cree que la única forma de mejorar al mundo es tener una perspectiva optimista del género humano.

No obstante, si observamos el mundo actual, no parece haber muchas razones para ser optimista respecto a la naturaleza del ser humano. Una mirada inflexible a los problemas que existen hace tambalear nuestra postura optimista, que parece muy superficial a la luz de los hechos.

Por desgracia, hay mucha gente que nunca ha encontrado una respuesta satisfactoria respecto a lo que debe creer, y se guía por suposiciones que, a veces, son útiles en la vida cotidiana, pero otras veces no lo son.

Es decir, parece que ser siempre optimista no encaja con nuestro estilo de vida; pero ser siempre pesimista tampoco. Además, si una característica básica del ser humano es su capacidad para razonar, ¿por qué este razónamiento no ha creado un mundo mejor del que tenemos?

¿Entonces cuál es la alternativa?

Para mí, la respuesta más satisfactoria a este dilema la ofreció el autor de la Oración de la Serenidad, Reinhold Niebuhr. Su punto de vista práctico sobre la naturaleza humana influyó de modo especial en Martin Luther King, cuya vida y ministerio resultaron profundamente afectados por la capacidad de discernimiento de Niebuhr. King dijo que Niebuhr tenía "un extraordinario conocimiento sobre la naturaleza humana, especialmente sobre la conducta de las naciones y los grupos sociales".

Es vital comprender en qué consiste este punto de vista y luego averiguar si encaja con nuestra propia visión de la vida.

Un punto de referencia básico acerca del modo en que Niebuhr entiende la vida es que él es *optimista respecto a la gente y realista respecto al pecado*.

¿Pecado? *¿Pecado?*

¡Pero si sabemos que los problemas emocionales más graves son provocados por el énfasis que la Iglesia le da al pecado! ¡También sabemos que semejantes peroratas no resultan saludables psicológicamente! ¿Acaso decir a una persona que es pecadora no causa más problemas, en lugar de ofrecer soluciones?

Es probable que los psicólogos más autorizados estarían de acuerdo con lo anterior, y es comprensible, porque dar demasiada importancia al pecado socava la autoestimación.

Sin embargo, rechazar el punto de vista de Niebuhr puede impedir que aprovechemos las aplicaciones prácticas que tiene para la vida y su conocimiento perceptivo.

Cuando Niebuhr utiliza la palabra *pecado*, no habla simplemente de la definición que usan aquellos que se autodenominan moralistas. Por desgracia, mucha gente en la actualidad piensa que la palabra *pecado* significa la transgresión de un estricto código moral, y a menudo la asocia con el juicio santurrón que una persona pronuncia contra otra.

Cuando Niebuhr habla del pecado, se refiere a una experiencia común al género humano, mucho más sutil y relevante que la transgresión de un moralista código de conducta.

En los lenguajes originalmente usados en la Biblia, el griego y el hebreo, la palabra para designar al pecado significa, literalmente, "errar el tiro", como cuando un arquero no da en el blanco. Pecar podría significar no cumplir las intenciones que Dios tiene reservadas para nosotros, fracasar en nuestro deseo de realizar lo que es bueno para nuestra vida, rebelarse contra Dios. *Reconocer que somos pecadores tal vez signifique tener la honestidad de encarar nuestros propios defectos de carácter en lugar de vivir en la mentira.*

Aquí es donde el punto de vista bíblico sobre el ser humano y la psicología actual se unen. Ambos consideran que la causa principal de los problemas humanos tiene su raíz en la tendencia a *evadir nuestra propia realidad.*

La psicología ha demostrado que, para evadir aquellos aspectos de nuestra personalidad que nos disgustan, fingimos ser lo que no somos. Racionalizamos las cosas; buscamos razones para justificar nuestros actos destructivos.

Creer que si nos consideramos pecadores significa disminuir nuestra autoestimación, es verdad en parte. Pero negar nuestros defectos de carácter resulta, a fin de cuentas, mucho más destructivo.

Uno de los conceptos clave del pensamiento de Niebuhr es que *probablemente los más malvados son aquellos que se consideran a sí mismos personas justas.*

Anteriormente ya cité esta frase de Niebuhr: "Si hubiera una orgía en algún lugar, apostaría diez contra uno a que ningún miembro de la Iglesia estaría ahí. Pero si hubiera un linchamiento, apostaría diez contra uno a que algún miembro de la Iglesia participaría en él". Aquellos que perpetran un linchamiento, sean o no religiosos, en general no creen estar haciendo nada malo. Más bien, piensan que están defendiendo algo que es correcto. En lugar de darse cuenta de su crueldad, piensan que sus actos están justificados por las circunstancias.

En la actualidad, mucha gente se ofende con la palabra

pecado porque, a menudo, la usan aquellos que mantienen una actitud de yo-soy-más-santo-que-tú. Niebuhr desafía a los miembros de las iglesias para que sean más honestos consigo mismos en relación a sus propios pecados y defectos. Por supuesto, él sabe que esta actitud de autojustificación no solo se da dentro de las iglesias, sino también en el exterior.

La honestidad puede librarnos de caer en la arrogante santurronería, pero no debemos limitarnos a esto. Necesitamos equilibrar la honestidad con la esperanza, que es una imagen interior positiva.

Niebuhr nos ayuda a descubrir una nueva manera de ver a la gente —y a nosotros mismos— desde una perspectiva positiva. Su punto de vista nos ayuda a explicar las aparentes contradicciones que existen en la conducta humana. Sin encubrir los defectos, nos ofrece una visión más amplia de la riqueza interior que posee cada persona.

En suma, Niebuhr es *optimista respecto a lo que podemos llegar a ser*, pero también *realista respecto a lo que somos*.

El valor de todo punto de referencia para aclarar las cosas se hace evidente cuando lo ponemos a prueba. Si nos ayuda a resolver los enigmas y a darle un sentido a las cosas, es probable que sea el punto de vista más adecuado.

No obstante que se necesita algún esfuerzo para comprender las ideas de Niebuhr sobre la naturaleza humana, sus conceptos pueden ayudarnos a darle un sentido a todo aquello que nos parece confuso en las relaciones humanas.

Niebuhr recomienda que volvamos a analizar la concepción bíblica del ser humano para ver lo bien que se ajusta a las situaciones que experimentamos en la vida.

En síntesis, formar parte del género humano significa ser una *creatura* con una dimensión *espiritual*.

Ser una *creatura* es ser parte de la creación física, estar en un cuerpo, existir en el mundo de la materia como un animal.

Tener una dimensión *espiritual* significa participar de una existencia que está por encima del espacio y del tiempo, lo que Niebuhr llama la capacidad de "autotras-cendencia", la habilidad de superar los límites corporales por medio de la imaginación.

Esta doble naturaleza del género humano —estar limitados por el cuerpo, pero también superar las limitaciones del tiempo y el espacio— es lo que explica en gran medida los enigmas que enfrentamos.

La capacidad para darnos cuenta de que formamos parte del mundo físico parece (hasta donde sabemos) exclusiva del ser humano. Todas las influencias que recibimos (buenas o malas) provienen de esta habili-dad: no nos limitamos a sentir, también nos observamos a nosotros mismos.

Gracias a esta habilidad, somos capaces de *crear*: componer música, construir edificios, inventar máqui-nas. Esta característica exclusiva del ser humano también nos ayuda a *relacionarnos* de modo especial con los demás, pues la imaginación nos permite tomar conciencia de que nos estamos relacionando.

Sin embargo, esta clase de conciencia, aunque valiosa, nos provoca problemas. Nuestro elemento espiritual se da cuenta de que estamos en un cuerpo vulnerable a los acontecimientos: los accidentes, la enfermedad y, al final, la muerte. Somos libres, pero también limitados.

A veces la vida se vuelve difícil porque esta conciencia de nuestra vulnerabilidad puede hacernos sentir inseguros. Quisiéramos superar las limitaciones y ser verdaderamente libres.

Pero cuando queremos escapar hacia la libertad, las cosas pueden no resultar como lo esperamos. Obviamente, aquellos que pretenden alcanzar la libertad gracias a las drogas, las relaciones, el juego o por cualquier otro medio descubren, al final, que se han vuelto menos libres.

Una vez alguien comparó a la falsa libertad con lo que ocurre cuando un tren abandona los estrechos límites de las vías del patio de máquinas y corre "libremente" por el campo. Aunque en cierto sentido es más libre de lo que era cuando estaba confinado a las vías, en un sentido más profundo no es libre en absoluto.

Los seres humanos, igual que el tren, *somos libres cuando cumplimos el propósito para el que fuimos creados.* Si intentamos superar las barreras humanas, no solo nos hacemos menos humanos, sino también menos libres.

¿Pero cómo saber si tratamos de evadir nuestra condición humana? Una forma de saberlo es averiguar si tenemos la sensación de estar incompletos, de que algo nos falta en la vida.

Este sentimiento surge, en general, cuando damos demasiada importancia a un área de la vida y descuidamos las demás. Es muy común que esta sensación de estar incompletos se apodere de la gente que concede demasiada importancia a las cosas materiales y descuida el aspecto espiritual de la vida. Lo mismo puede ocurrir a quien trate de escapar del mundo material refugiándose solo en lo "espiritual" y negando la realidad física del ser humano, que es básicamente buena y cuyo propósito es ayudarnos a madurar y proporcionarnos placer.

Los seres humanos, entonces, tenemos la capacidad de *experimentar* y de *observar*. Para llevar a cabo los cambios en nuestro interior, necesitamos asumir una postura que nos ayude a ser conscientes de nuestro yo sin ser autoconscientes.

Para entender lo anterior, veamos un ejemplo de la manera en que nos comportamos en relación con el sexo. Muchos problemas sexuales se deben a que "abandonamos el cuerpo" y nos convertimos en espectadores autoconscientes de la experiencia sexual. Para remediar esto, debemos reconocer que el cuerpo no es malo y dejar que nuestro yo disfrute plenamente la experiencia. La solución a algunos problemas sexuales consiste en hacer un esfuerzo por dejar de ser espectadores y participar de la experiencia.

Ver la vida como algo puramente espiritual, sin una dimensión física, es tan perjudicial como considerar solo el aspecto físico y descuidar la dimensión espiritual.

Detrás de la Oración de la Serenidad se encuentra la idea de que los seres humanos estamos formados por materia y espíritu. Considerarnos de esta forma nos ayuda a comprender el mundo en que vivimos.

Gracias a esto, podemos saber que algunos actos

desagradables no tienen su raíz en la maldad, sino en el temor, un temor provocado por la conciencia de nuestras limitaciones, situación que nos preocupa y nos lleva a esconder nuestros sentimientos de inseguridad, incluso a nosotros mismos.

Una forma de hacer lo anterior es intentar la manipulación sobre los demás. Si nos consideramos superiores a los demás, podemos sentirnos menos limitados. La forma común de lograrlo es obtener poder político por el prestigio que otorga, acumular una fortuna para demostrar grandeza o buscar la fama por la fama misma. En general, criticamos a los demás para demostrar nuestra superioridad sobre ellos. Lo curioso del asunto es que casi todos se dan cuenta de lo que hay detrás de estas tácticas, pero los simuladores no tienen conciencia de las razones de su comportamiento.

Otra forma de evitar vernos como somos consiste en relacionarnos con aquellos que tienen algún tipo de poder. Al hacerlo, nos volvemos poderosos por reflejo y eso nos hace sentir mejor, menos limitados, menos ansiosos.

Todos, en alguna ocasión, hemos utilizado estas maniobras, u otras semejantes, para tener seguridad en nosotros mismos. Aunque esta actitud es errónea, no significa por fuerza que quienes actúan así sean seres malvados. La razón de su conducta no es la tendencia al mal, sino la inseguridad y el temor.

Este conocimiento puede ayudarnos a ser más comprensivos. Es más fácil tolerar los defectos de alguien si nos damos cuenta de que su comportamiento no se debe realmente a la maldad, sino a la ansiedad.

Pero aunque este conocimiento nos ayuda a ser más tolerantes con los demás y con nosotros mismos, esto no significa que debemos creer ingenuamente que no existe la maldad y la crueldad en los seres humanos.

Las ideas de Niebuhr son muy acertadas porque él es realista acerca del pecado y de los defectos de la gente. Clasificar a los seres humanos en buenos y malos es una actitud muy simplista. Como individuos, todos podemos comportarnos de modo destructivo si nos sentimos inseguros. Como señala Niebuhr, los grupos y las organizaciones tienen un mayor potencial para la maldad que los individuos aislados.

Por lo tanto, la razón básica de nuestros problemas no reside en que la naturaleza humana sea mala, sino en que la falta de confianza nos lleva a abusar de nuestra libertad.

Un aspecto de la sabiduría consiste en ver a la gente de modo optimista, pero también realista.

El optimismo se justifica al creer en un Poder Superior que ha creado un mundo básicamente confiable para nuestro bien. Este bien incluye nuestra dependencia de las leyes de la naturaleza, la libertad de elegir y la capacidad de relacionarnos unos con otros. Estas cualidades, aunque hacen posible el gozo de la creación y de la convivencia, también se pueden convertir en la semilla de la destrucción entre los seres humanos.

Pero así como los optimistas no tienen toda la razón, tampoco la tienen los pesimistas. Confiar en los demás cuando nosotros mismos actuamos motivados por nuestro propio interés, es una actitud por lo menos ingenua.

Ser sabios significa, en parte, tener una visión realista de la naturaleza humana, reconocer lo que somos y lo que podemos llegar a ser. Nuestro optimismo se basa en la comprensión de que el mundo es básicamente bueno y confiable porque fue creado y está sostenido por un Dios amoroso.

Tal confianza puede convertirse en una referencia importantísima en nuestra vida. Entender lo que significa confiar en Dios y actuar en consecuencia es otro aspecto de la madurez humana.

LA CONFIANZA EN DIOS

Una de las dificultades que enfrentamos para confiar en Dios es que no entendemos plenamente quién es El.

Sin embargo, esta confianza no es algo que ocurre simplemente y ya; es un proceso continuo de crecimiento que comienza antes de que estemos completamente seguros. La confianza crece en la medida en que actuamos como si ya tuviéramos confianza.

Pero hay ciertos obstáculos comunes que podrían hacernos dudar: las preguntas sin respuesta acerca de quién es Dios.

Por ejemplo, mucha gente encuentra difícil pensar en Dios como persona, como un Ser Personal de alguna especie. Parte del problema consiste en nuestra tendencia a creer que la palabra persona equivale a la palabra humano, incluso a representarnos la palabra persona como un cuerpo físico. Sin embargo, imaginarse a Dios, el Creador del universo, con alguna forma física parece incongruente con la realidad.

Si Dios tuviera forma humana, ¿dónde podría ser localizado? ¿Qué tan grande es Dios? ¿Vive más allá de la galaxia más lejana? Y si es así, ¿cómo puedo conocerlo?

El problema es que para describir a Dios se necesita un tipo de lenguaje personal. Pero hablar en términos personales sin ver a Dios como humano es algo muy difícil. Nuestro lenguaje es inadecuado. Sin embargo, es preferible referirse a Dios en términos personales que en términos impersonales; hablar de "Él" y no de "Ello".

Por ejemplo, una frase que crea problemas cuando pensamos en Dios es aquella que nos define como hechos "a imagen de Dios". Es muy difícil no pensar en términos visuales cuando se usa la palabra *imagen*.

Pero, a pesar de la confusión que provoca, la palabra *imagen* nos resulta útil para comprender. Tener una imagen de algo es encontrar un parecido entre dos cosas. Mi interpretación de la frase "imagen de Dios", aplicada a los seres humanos es que significa que hay un espíritu en nuestro interior parecido al Espíritu de Dios.

Uno experimenta ese espíritu en ciertos momentos de inspiración que nos mueven al llanto. Cuando la noble acción de una persona nos conmueve profundamente, lloramos de un modo muy especial. No es la tristeza lo que provoca las lágrimas, sino cierta revelación de la vida que tiene un sentido muy grande. Originalmente, la palabra inspiración significa estar "en-espíritu". En tales momentos, entramos en contacto con nuestra naturaleza espiritual, que es la esencia de nuestro ser.

Piense en alguna película o en una obra de teatro que haya visto. En ellas, a menudo, el momento decisivo de la historia es cuando uno de los personajes obtiene un conocimiento de la vida que no tenía antes: el cambio de una visión limitada de la vida a un conocimiento más profundo de lo que significa estar vivo.

En tales momentos, parece que hay una sintonización con Dios, como cuando el sonido de la cuerda de una guitarra hace vibrar a las demás. Pero la respuesta humana no es tan automática. Se necesita estar dispuesto a responder. Porque, aunque Dios quiere ayudarnos a realizar nuestro propósito como seres humanos, también tenemos la capacidad para rebelarnos contra nuestra naturaleza esencial; y aun así, Dios obra el bien en nuestras vidas.

Es como si Dios fuera un maestro de ajedrez y jugara contra un novato. Pero Dios, en lugar de tratar de humillarnos, está moviendo constantemente las piezas para facilitarnos el juego. Aun cuando hagamos un movimiento equivocado, parece como si Dios dispusiera las cosas para que el próximo movimiento nos favorezca. Y así se mantiene, corrigiendo y volviendo a corregir nuestros errores.

Aunque existe el peligro de caer en el pensamiento mágico al interpretar todos los acontecimientos como manifestaciones de la voluntad de Dios, parece ser verdad que Dios nos brinda su ayuda por intermedio de otras personas. En ciertas ocasiones se ve como una mera coincidencia, a la manera de cuando la ayuda inesperada de alguien nos salva de una situación insostenible.

Como ejemplo de esta clase de coincidencias, yo recuerdo una ocasión en que tuve una grave dificultad con otra persona y no sabía cómo resolverla. Yo había meditado y orado pero no encontraba la solución. Entonces tuve un momento de descanso en el trabajo y decidí salir a dar un breve paseo. Cuando caminaba, alcancé a ver un auto detenido en un semáforo. Reconocí al conductor, que era la persona que más sabía acerca de mi problema. Lo llamé a señas, él se bajó del auto para discutir conmigo la situación y, gracias a eso, pude ver el problema desde una nueva perspectiva.

Lo que más me impresiona de este tipo de coincidencias es la magnífica oportunidad con la que ocurren. Unos cuantos segundos de diferencia y no nos habríamos encontrado. Algunos calificarían este incidente como algo puramente accidental, pero yo sé que mucha gente se ha visto en situaciones como ésta.

Con eso no quiero decir que Dios selecciona a algunos para brindarles su ayuda mientras que se la niega a otros. Más bien, parece que hay ocasiones en que estamos particularmente dispuestos a dejarnos guiar por Él y eso nos coloca en situación propicia para recibir ayuda.

Sin embargo, no por eso parece razonable concluir que exista un plan oculto para cada persona en todas las cosas que le ocurren. Por ejemplo, es difícil creer que si un avión se retrasa es porque ese incidente tiene un significado especial para cada uno de los pasajeros.

En cambio, sí parece posible que nunca se realicen ciertas cosas que podrían favorecer a mucha gente porque no hay nadie que se muestre dispuesto a llevar a cabo las intenciones de Dios en esa situación en particular.

Cuando pensamos en la relación que Dios mantiene con nosotros surge otro problema. ¿Cómo es posible que tengamos algún valor como seres individuales frente a todos los acontecimientos del mundo? Cuando pienso que solo soy uno entre miles de millones de personas, dudo de mi importancia ante los ojos de Dios. ¿Qué tanto puede preocuparse Dios de una sola persona bajo tales circunstancias?

Sin embargo, todos hemos vivido situaciones en las que sabemos que un Poder Superior cuida de nosotros, a despecho de los acontecimientos mundiales. Por ejemplo, cuando sufrimos un daño físico, nos herimos una mano o nos raspamos, la herida se cierra gradualmente, se forma una costra y la piel vuelve a su estado original.

La curación ocurre de modo individual y casi sin esfuerzo de nuestra parte. Simplemente ocurre. Es evidente que un Poder Superior que está por encima de nosotros alienta la curación y protege nuestra integridad física como individuos.

La psicología actual ha proporcionado evidencias de que la curación no solo se da en el nivel físico, sino también en el nivel emocional. Hay patrones psicológicos en nuestro interior que nos ayudan a sanar las heridas emocionales casi de la misma manera en que se lleva a cabo el proceso de curación física.

Aun así, todavía enfrentamos el hecho de la aparente insignificancia de la gente en un enorme universo cuyo tamaño supera a la imaginación. Las distancias son tan grandes que se miden en años luz. ¿Cómo podemos tener algún valor si somos como motas de polvo en un planeta que, en sí mismo, es una mota de polvo en comparación con el universo?

Parte del problema consiste en nuestra tendencia a medir el valor de las cosas en relación con su tamaño. Pareciera que lo más grande es lo mejor. Ser propietarios de una gran porción de tierra es mejor que poseer una más pequeña. Una casa grande vale más que una pequeña, etcétera.

Pero este razonamiento no siempre es adecuado. Un diminuto diamante vale mucho más que una piedra mil veces más grande.

La razón principal por la que nos consideramos absolutamente insignificantes en comparación con el universo, es que utilizamos el tamaño como punto de referencia para dar valor a las cosas.

Supongamos, sin embargo, que eliminamos el tamaño como medida básica del valor de las cosas y, en su lugar, consideramos la complejidad como nuevo punto de referencia. En este sentido, el chip de una computadora puede ser mucho más valioso que una mesa millones de veces más grande.

Si nos consideramos de poco valor debido a nuestra pequeñez, tal vez necesitemos reexaminar el punto de referencia por el cual medimos los valores.

Eric Chaisson, doctorado en astrofísica de la Universidad de Harvard, ha descrito al cerebro humano como "el más exquisitamente complejo trozo de materia del universo". En su libro *The Life Era* (La era de la vida), él compara la complejidad del cerebro humano con la complejidad de los animales, de las plantas y hasta de las estrellas. Él utiliza el término *densidad de flujo* para describir la cantidad de energía emitida por unidad de tiempo a través de una unidad de área. Chaisson dice: "Aunque el flujo de energía emitido por una estrella es, de manera obvia, descomunalmente mayor que el del cerebro o el cuerpo humano, en estos últimos las *densidades* del flujo son mucho mayores".

Chaisson dice que, en este sentido, las plantas y los animales son mucho más complejos que el Sol, y que el cerebro, para su tamaño, es 150,000 veces más complejo que la galaxia a la que damos el nombre de Vía Láctea.

En términos de valor por centímetro cuadrado, por tanto, el ser humano sobrepasa con mucho a todo lo conocido en relación a calidad y exclusividad. Si medimos el valor no solo en términos de tamaño, sino en términos de complejidad, entonces el ser humano puede adquirir una profunda importancia en el universo.

Si nos imagináramos a nosotros mismos en el espacio exterior, mirando al diminuto planeta Tierra, ni siquiera con un poderosísimo telescopio podríamos ver una sola figura humana. Los seres humanos serían insignificantes. Pero suponga que usáramos otro patrón de significancia, no el tamaño sino la complejidad. Encontraríamos no una, sino millones y millones de esa unidad que es "el más exquisitamente complejo trozo de materia del universo". Bajo semejantes condiciones, cada ser humano sería único y significativo.

Imagine también una estación radiodifusora en un

área donde hay 500,000 radios portátiles. Esta área tendría mucho más valor para la estación de radio que cientos de kilómetros de montañas desérticas. Si bien los radios son una analogía imperfecta de las unidades receptoras a las que llamamos seres humanos, pensar en tales términos representa otra forma de medir el valor de las cosas, no por su tamaño sino por su complejidad.

Esta comprensión de la complejidad no está, por supuesto, reñida con la simplicidad. Lo verdaderamente complejo de la mente humana es que nos da la capacidad de seleccionar las prioridades de la vida, capacidad que hace posible simplificar las cosas.

A veces la gente adopta posturas cínicas respecto a la posibilidad de comprender a Dios. Así que no está de más tomar en cuenta algunas ideas de Isaac Asimov, uno de los escritores científicos más ampliamente reconocidos y respetados de nuestro tiempo, acerca de la obtención del conocimiento. Asimov escribió una vez un artículo en el que afirmaba que ahora contamos con un buen conocimiento de las reglas básicas del universo.

Uno de sus lectores, un estudiante de literatura inglesa, después de leer el artículo, escribió una carta a Asimov para informarle que estaba equivocado. Después de citar la afirmación del escritor, el estudiante procedió a amonestarlo severamente, diciéndole que "en *cada* siglo, la gente ha creído que por fin comprendió el universo, y en *cada* siglo se comprobó que esa gente estaba equivocada. De aquí se sigue que lo único que podemos decir acerca del 'conocimiento' moderno es que es *erróneo*".

Asimov contestó que no estaba de acuerdo con el

estudiante. El hecho de que tengamos un conocimiento bueno —aunque no perfecto— de algo, no quiere decir, automáticamente, que sea erróneo. Tal forma de pensar, dice, se debe a que en los primeros años de escuela se nos enseñó que solo existe una respuesta correcta para cada pregunta y que, si no das esa respuesta, estás totalmente equivocado.

Necesitamos estar conscientes, dice Asimov, de que también existe una "relatividad del error". Algunas respuestas son menos erróneas que otras.

Por ejemplo, sigue diciendo Asimov, ante la pregunta "¿Cuánto es 2 + 2?", la respuesta 3.999 es menos errónea que 2 + 2 = 17. Y deletrear la palabra *azúcar* a-s-u-k-a-r es mejor que p-q-z-z-f.

Lo que Asimov quiere decir es que si una respuesta no es totalmente correcta, eso no significa que sea absolutamente errónea.

No es que los científicos se pasen el tiempo reemplazando con nuevos hallazgos completamente correctos los antiguos conocimientos erróneos. Más bien, las investigaciones les permiten perfeccionar progresivamente sus conocimientos del tema, considerado en su totalidad.

Asimov lo dice de esta manera: "Lo que realmente ocurre es que, a medida que mejoran los instrumentos de investigación y medición, los científicos refinan y amplían sus conocimientos. Las teorías no son incorrectas, solo son incompletas".

La sabiduría no consiste en reemplazar constantemente las ideas equivocadas por las correctas. Ser sabio significa avanzar progresivamente hacia una mejor comprensión de las cosas.

En la actualidad, mucha gente se preocupa de que algunas instituciones religiosas se proclamen guardianas de la verdad absoluta y de que declaren totalmente equivocados a los que no están de acuerdo con ellas. Quienes sostienen esta estrecha postura mental han utilizado, en ciertas épocas, medidas extremadamente crueles para obligar a los demás a someterse a su verdad particular.

Por desgracia, y tal vez por la misma estrechez mental, en la actualidad el péndulo se ha movido al otro extremo. Ahora suelen escucharse cosas como "los que van a la iglesia son hipócritas"; "las enseñanzas de la religión organizada son erróneas"; "nadie tiene la menor idea de lo que es Dios".

Es muy simplista decir que la religión está bien o está equivocada. En este campo, como en el de la ciencia, también hay una relatividad del error. Una enorme cantidad de gente se ha dedicado a investigar y a meditar sobre la presencia de Dios en la vida de los seres humanos. Sus reflexiones se han perfeccionado a lo largo de los siglos. Claro que algunas ideas son más acertadas que otras. Todos podemos enriquecernos leyendo y evaluando lo escrito por quienes se han dedicado a estos temas.

Aunque aquí no me es posible revisar, ni siquiera brevemente, las obras de tales autores, sí quiero mencionar a una persona cuyos profundos conocimientos han influido, en los últimos años, en las ideas de muchos. Su nombre es Pierre Teilhard de Chardin.

Teilhard de Chardin piensa que la ya reconocida teoría de la evolución es una clave muy valiosa para comprender a Dios y conocernos a nosotros mismos.

A Teilhard de Chardin, científico y sacerdote católico, las autoridades religiosas le impidieron enseñar y publicar sus ideas a lo largo de toda su vida. Pero desde su muerte, ocurrida en 1955, su pensamiento se ha hecho cada vez más importante. Yo estoy lejos de comprender de modo cabal todo lo que escribió, pero sus puntos de vista acerca de la vida me parecen esperanzadores y estimulantes intelectualmente.

Él pregunta: ¿Qué pasaría si consideráramos al hombre, no desde el plano cultural ni desde una perspectiva religiosa tradicional, sino en términos de la *evolución*? ¿Qué pasaría si pudiéramos considerar de modo impersonal y objetivo el fenómeno, o *hecho* empírico, de la naturaleza de la creatura humana?

Como paleontólogo, Teilhard de Chardin analizó los fósiles de animales y plantas de diversos periodos en la vida de la Tierra. Después de comparar los fósiles de los primeros tiempos con los de épocas más recientes, señaló que los organismos vivientes contenían en sí mismos la tendencia a volverse cada vez más complejos.

Observó que los seres humanos tomaron la delantera en el proceso de la evolución; son los seres más complejos de la creación, pues, aunque algunos animales parecen tener la capacidad de pensar, los humanos han dado un paso más en su proceso evolutivo.

Según él, los seres humanos son animales que han alcanzado un nivel más alto de evolución gracias a su habilidad de reflexión. Para Chardin, *reflexionar* significa "ser capaces de saber que sabemos", poder pensarnos a nosotros mismos. Es decir, nuestro pensamiento no es simplemente una reacción instintiva ante el mundo, sino que podemos, como también señala Niebuhr, vernos en el mundo.

La consecuencia práctica de esto es que podemos reflexionar en lo que somos, y podemos mejorar el conocimiento que tenemos de las intenciones de Dios, en la medida en que nos hacemos más conscientes.

Para Teilhard de Chardin, los cambios en la evolución no fueron simples acontecimientos azarosos, sino tuvieron su origen en un esfuerzo de Dios por movernos hacia la vida, en el más profundo sentido de la palabra y, aún más, hacia la conciencia consciente.

Gracias a esta capacidad de pensarnos a nosotros mismos en el tiempo y en el espacio, podemos crear y transformar muchas cosas y, a través de esta conciencia progresiva, podemos ahora *participar* en el proceso permanente de la evolución.

Los seres humanos hemos elegido conscientemente incrementar la complejidad de la vida sobre la Tierra, y esto se manifiesta en la infinita creación de cosas nuevas: computadoras, redes telefónicas, viajes aéreos...

En el momento actual de la historia, hemos dado otro paso en la evolución, mas esta vez de calidad diferente a los pasos evolutivos previos. En vez de sufrir transformaciones biológicas, como ocurría en el pasado, ahora, gracias al aumento de conocimientos, los cambios se dan en el exterior a través de la tecnología humana.

Teilhard de Chardin piensa que la próxima etapa de evolución consistirá en una nueva *interconexión mundial de los seres humanos*, un nuevo organismo, algo más que la simple suma total de la población.

No hace mucho que Teilhard de Chardin planteó esta hipótesis, pero en el mundo de hoy ya se está convirtiendo en una realidad práctica. Gracias a la rápida transportación y a las comunicaciones por satélite, estamos creando una red mundial de relaciones entre la gente. Nuestra mayor capacidad de comunicación aumenta la complejidad del mundo y de la vida y nos lleva hacia una nueva integración mundial.

Antes, los acontecimientos que tenían lugar en regiones remotas jamás eran conocidos por la mayoría de la gente. Ahora, en un lapso muy corto, las noticias le dan la vuelta a la Tierra.

Con el desarrollo de los medios de comunicación y el rápido incremento de la población sobre el planeta (que es una esfera con espacio limitado), enfrentamos un nuevo nivel de complejidad que nos llevará a nuevas condiciones de vida, a un nuevo nivel de conciencia.

Hace años, antes de que se inventara el teléfono y fuera tan fácil viajar, solo había un número limitado de contactos diarios entre los seres humanos. Hoy, la situación es muy diferente. Gracias al teléfono, al automóvil y a los viajes aéreos, es posible entrar en contacto con mucha gente.

Los cambios en la vida de una persona pueden afectar profundamente las vidas de muchos otros. Cuando la complejidad nos afecta de modo personal, es difícil no sentirse frustrados con el mundo y, quizá, enojados con Dios, quien parece ser el responsable de haberlo creado así, de ese modo.

Pero, según Teilhard de Chardin, en este momento de la historia enfrentamos un nuevo nivel de complejidad que puede llevarnos hacia un nivel más alto de existencia —a nuevas condiciones de vida— que nos plantea un desafío para realizarnos como seres humanos.

Los caminos hacia esta nueva condición de vida a menudo se ven invadidos por un estado de turbulencia, que parece caracterizarse por una falta de orden, como cuando el agua hierve antes de convertirse en vapor. El mundo sufre grandes cambios, y es posible que el aparente desorden nos lleve a pensar que la vida no tiene sentido.

Pero también podemos ver las cosas de otra manera y pensar que, gracias a todos estos cambios, estamos entrando en otro estado de existencia.

El aumento de conocimientos nos ayudará, si estamos dispuestos, a ser más humanos que nunca porque, a fin de cuentas, *es la conciencia, y no la evasión, lo que nos ayuda a tener una mejor calidad humana.*

El ajetreado ritmo de la vida actual provoca tensión en mucha gente, y aquí también enfrentamos la pregunta que ha sido nota dominante de este libro: ¿Opto por la conciencia o por la evasión?

Aunque es más difícil optar por la conciencia, ser conscientes significa tener más opciones, y eso significa tener más libertad.

Teilhard de Chardin considera que el propósito de Dios

es, por tanto, llevarnos al próximo estado de evolución, hacia una nueva y más profunda interconexión mundial de los seres humanos.

¿Quiere decir que perderemos nuestra individualidad al convertirnos en parte de este nuevo mundo?

¡Todo lo contrario!

Así como el corazón, los pulmones y los ojos cumplen verdaderamente su función como partes del cuerpo y no fuera de él, los seres humanos podemos ser más individuos si participamos en algo más grande que nosotros mismos.

Tenemos esta alternativa: considerar que la vida no tiene sentido y comportarnos egoístamente para sobrevivir, o esforzarnos por descubrir el amor de Dios en los acontecimientos personales y generales.

El pensamiento de Teilhard de Chardin —igual que el de Niebuhr— le otorga una importancia fundamental al espíritu en nuestro paso por la Tierra. Los dos consideran que la meta espiritual del momento que vivimos no consiste en escapar del mundo físico, sino en vivir más profunda y amorosamente en él.

Hay ocasiones en que nos detenemos a reflexionar —para saber qué hacer— y esos momentos fortalecen nuestro aspecto espiritual. Pero la vida también tiene aspectos concretos. Hay un tiempo para pagar las cuentas, para el amor sexual, para las reparaciones domésticas, para tocar un instrumento musical, para trabajar, para el goce físico del baile o los deportes. La vida combina la reflexión y la acción. Ser humanos significa descubrir el gozo de la creación y las relaciones con los demás: ser creadores, como Dios es creador, y amar, como Dios es amor.

No podemos dedicarnos primero a descifrar lo que es la vida y luego ponernos a vivir con el espíritu adecuado. La vida es mucho menos formal. Reflexionar acerca de la vida y vivir son dos cosas que van de la mano. No es que algunos ya hayan encontrado todas las respuestas y otros no. Todos estamos en un proceso de crecimiento. Incluso las personas más maduras todavía se enfrentan a problemas del pasado y buscan el significado de las cosas.

En este mundo tan complejo, es muy fácil caer en la rutina de la vida física y descuidar la perspectiva espiritual que da sentido a todas las cosas.

Mucha gente ha descubierto que pertenecer a una comunidad religiosa es muy útil para su crecimiento espiritual. Porque, aun cuando las lecturas y el estudio individual sean muy valiosos, todos necesitamos compartir algunos momentos con una comunidad amorosa. Observar cómo aprenden y crecen los demás puede servirnos de estímulo para alcanzar una mayor fortaleza.

Entre los grupos más dignos de consideración se encuentran aquellos que siguen los Doce Pasos de recuperación de Alcohólicos Anónimos, pasos que ahora otros grupos utilizan para resolver una amplia variedad de problemas

Mucha gente que está decepcionada de la religión tradicional como fuente de inspiración espiritual ha encontrado en estos grupos la esperanza que había perdido Otros más también han renovado su fe en la religión gracias a estos grupos y, en general, han encontrado una profunda fuente de conocimiento espiritual que jamás habían imaginado que existiera.

Algunas organizaciones religiosas se dedican simplemente a seguir los ritos tradicionales sin detenerse a pensar en su significado, pero muchas otras están muy comprometidas en su labor de suplir las necesidades de un mundo roto.

A veces olvidamos que muchas organizaciones, incluidos los grupos del programa de los Doce Pasos, tienen sus raíces en la llamada religión tradicional. Alcohólicos Anónimos originalmente surgió de una iglesia y fue apoyado por ella. Cuando Bill W., uno de los fundadores de AA, estaba solo en un hotel de Akron, Ohio, esforzándose por permanecer sobrio, la lectura de un boletín eclesiástico y algunas llamadas telefónicas a las iglesias lo llevaron a encontrarse con el "Doctor Bob", encuentro del que surgió la fundación del grupo AA, basado en las creencias religiosas de estos dos hombres.

La Iglesia ha cometido muchos errores, pero hay mucha gente dentro de las iglesias que se dedica, de mil maneras, a proporcionar ayuda práctica a los desvalidos, organizando comedores de beneficencia, dando abrigo a los vagabundos sin hogar, fundando multitud de universidades y hospitales y, a menudo, levantando su voz en favor de la justicia.

La Inquisición y otras cosas horribles que la gente ha hecho "en nombre de Dios" solo son parte de la historia. Podemos aprender mucho de la gente de fe que se entrega al servicio de los demás y cuya amorosa actitud es una manifestación de su fe religiosa. Reunirnos con otros para rendir culto, orar y cantar himnos puede ser una forma vital de profundizar nuestra relación con Dios.

Pertenecer a una fe comunitaria no significa, sin embargo, aceptar a ojos cerrados todo lo que afirmen las autoridades religiosas. Es importantísimo mantenerse a la búsqueda de mejores respuestas. Protestar es una acción positiva. *Pro* significa estar a favor de algo; *testar* viene de la misma raíz que la palabra atestiguar. De modo que protestar significa atestiguar en favor de algo.

En vez de descartar la herencia religiosa como algo equivocado, es importante averiguar primero su contenido, y luego hacer preguntas y resolver dudas. Como alguien dijo una vez: "Si nos mantenemos dudando, va a llegar el momento en que comencemos a dudar de nuestras dudas".

Hace un par de años visité la ciudad en la que pasé la mayor parte de mis años mozos. Me sorprendió descubrir que en el centro solo una de las tiendas que había en mi infancia permanecía abierta, y esa tienda tenía nuevos dueños. Pero las iglesias seguían en el mismo lugar. No solo no habían cerrado, sino que se habían expandido. La gente encontraba en esos lugares de culto una fuente que proporcionaba sentido a sus vidas. Aunque muchos de los antiguos miembros ya habían muerto o se habían mudado, otros ocupaban su lugar sirviendo y brindando inspiración a los demás.

Muchos conceptos científicos y religiosos comenzaron como ideas primitivas y han madurado a lo largo de cientos de años. Este proceso de madurez parece digno de atención. Si observamos cuidadosamente los valores religiosos tradicionales para descubrir su verdadero significado, obtendremos una nueva perspectiva de las verdades conocidas y hallaremos en ellas un profundo conocimiento que no esperaríamos encontrar.

Durante la Segunda Guerra Mundial, había un grupo de hombres en un campo de concentración japonés en Tailandia. Trabajaban bajo temperaturas que sobrepasaban los 40 grados centígrados. Y eran comidos literalmente por los jejenes y otros insectos. Tenían los pies heridos por las piedras filosas que pisaban mientras se abrían paso entre la selva. Escarbaban la tierra y la cargaban en cajas y canastos para tender unas vías de tren a través de la selva. Estaban sedientos, exhaustos, enfermos, hambrientos y el campo se había convertido en un infierno de donde era casi imposible escapar.

Al relatar su experiencia, Ernest Gordon, uno de los prisioneros, dijo después: "La vida se había tornado tan miserable, todo estaba contra nosotros, pero nada importaba excepto sobrevivir... Se pisoteaba al débil, se ignoraba al enfermo y los muertos eran abandonados... Cuando un hombre caía muerto no pronunciábamos una sola palabra de misericordia. Si alguien nos pedía ayuda le dábamos la espalda... Muchos oraban, pero solo para ellos mismos, y nada ocurría. Estábamos desamparados, olvidados por nuestras familias, por nuestros amigos, por nuestro gobierno. Incluso Dios nos había abandonado... En la desesperación, llegamos a odiarlo."

Entonces, en ese campo de muerte sobrevino un cambio que podría ser calificado como un milagro. Todo comenzó cuando un hombre pensó que la vida estaba por encima de todos los horrores que enfrentaban. Le regaló su comida a un amigo que estaba enfermo y, en consecuencia, murió de hambre y agotamiento.

Al hablar de la muerte de este hombre, uno de los prisioneros recordó las palabras de Jesús: "Este es mi mandamiento: que os ameis los unos a los otros como yo os he amado. No hay amor más grande que éste: que un hombre dé la vida por sus amigos" (Juan 15:12-13).

Gracias a los actos de un hombre, los prisioneros se dieron cuenta de que aun en ese campo de muerte era posible vivir de otra manera. Había un significado por encima de los horrores que sufrían. Comenzaron a organizar cuadrillas para ayudarse mutuamente y se reunían para leer la Biblia. De hecho, las Biblias que tenían ahí comenzaron a tener tal demanda que solo se las prestaban entre ellos durante una hora a la vez.

Ernest Gordon, que había sido un agnóstico y más tarde se convirtió en decano de la capilla de la Universidad de Princeton, prosigue su relato: "Gracias a estas lecturas y a las discusiones, llegamos a conocer a Jesús. Él era uno de nosotros. Él podía entender nuestro sufrimiento porque Él mismo lo había experimentado. Como nosotros, Él no tenía dónde apoyar la cabeza, ni comida para saciar su hambre, ni amigos influyentes... Comprendimos que el amor expresado de manera tan suprema en la persona de Jesús era el amor de Dios... A la luz de este nuevo entendimiento, la crucifixión adquirió una relevancia extrema en nuestras condiciones. Un Dios que permaneciera indiferente a los ruegos de sus creaturas no era un Dios con el que pudiéramos estar de acuerdo. Sin embargo, la crucifixión nos enseñó que Dios nos acompañaba en nuestro sufrimiento... La cruz nos dio un conocimiento que nos fortaleció, el conocimiento de que Dios estaba en medio de nosotros".

Tener serenidad, valor y sabiduría es vislumbrar los valores que dan sentido a la vida.

Cualquiera que sea su orientación espiritual, estos valores le darán un sentido a su vida y lo animarán a realizar actos de amor por el prójimo y por el mundo. Ciertamente es vital seguir reflexionando en lo que creemos, pero esperar hasta que todo se aclare para emprender la acción significa evadir la vida misma. Aunque el conocimiento puede movernos a actuar, también es verdad que el conocimiento llega cuando actuamos con base en lo que ya conocemos.

Los cambios ocurridos en aquel campo de la muerte tuvieron su origen en la respuesta de una persona a lo que sintió en lo profundo de su ser: un espíritu interior cuya fuente última era ese Creador personal y amoroso al que preferimos dar el nombre de Dios.

Dios
Dame
Serenidad
Para aceptar las cosas que no puedo cambiar
Valor
Para cambiar aquellas que sí puedo y
Sabiduría para conocer la diferencia

AMÉN.

Esta edición se imprimió en mayo de 1999, en Reprofoto, S.A. de C.V.
Agapando 92, Col. Jardines de Coyoacán, 04890, México, D.F.